백제토기 탐구

박 순 발

도서출판 주류성

백제토기 탐구

저 자	:	박 순 발
저 작 권 자	:	(재) 백제문화개발연구원
발 행	:	도서출판 주류성
발 행 인	:	최 병 식
인 쇄 일	:	2006년 10월 13일
발 행 일	:	2006년 10월 20일
등 록 일	:	1992년 3월 19일 제 21-325호
주 소	:	서울특별시 서초구 서초동 1305-5 창람(蒼藍)빌딩

T E L	:	02-3481-1024(대표전화)
F A X	:	02-3482-0656
HOMEPAGE	:	www.juluesung.co.kr
E - M A I L	:	juluesung@yahoo.co.kr

값 9,000원

잘못된 책은 교환해 드립니다.
ISBN 89-87096-74-2 93910

본 역사문고는 국사편찬위원회를 통한 국고보조금으로 진행되는
3개년 계획 출판사업입니다.

원색사진 1. 흑색마연 직구광견호(천안 용원리 고분 출토, 높이 23.7㎝, 공주대학교박물관 소장)

원색사진 2. 흑색마연 무개고배(서울 석촌동 고분군 출토, 높이 6.2㎝, 서울대학교박물관 소장)

원색사진 3. 유개고배(몽촌토성 출토, 우측 고배 높이 7.2㎝, 서울대학교박물관 소장)

원색사진 4. 유개삼족기(몽촌토성 출토, 우측 뚜껑 포함 높이 11㎝, 서울대학교박물관 소장)

원색사진 5. 개배(좌측 : 청주 신봉동 고분 출토, 높이 8.3㎝, 국립청주박물관 소장, 우측 : 나주 복암리 3호분 출토, 국립광주박물관 소장)

원색사진 6. 직구단경호(천안 화성리 고분 출토, 높이 32.2㎝, 국립공주박물관 소장)

▲ 원색사진 7. 배형기대(천안 두정동 주거지 출토, 높이 28.6㎝, 공주대학교박물관 소장)

▲ 원색사진 8. 광구장경호(청원 주성리 고분 출토, 높이 25.4㎝, 국립청주박물관 소장)

▲ 원색사진 9. 원통형기대(몽촌토성 출토, 높이 54㎝, 서울대학교박물관 소장)

▲ 원색사진 10. 원통형기대(전 공주 송산리 고분 출토, 남은 높이 68.8㎝, 국립공주박물관 소장)

▲ 원색사진 11. 장란형토기(몽촌토성 출토, 높이 40㎝, 서울대학교박물관 소장)

▲ 원색사진 12. 시루(몽촌토성 출토, 높이 25cm, 서울대학교박물관 소장)

◀ 원색사진 13. 부뚜막모양토기(군산 여방리 고분 출토, 높이 10.3cm, 원광대학교박물관)

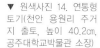

▼ 원색사진 14. 연통형토기(천안 용원리 주거지 출토, 높이 40.2cm, 공주대학교박물관 소장)

▲ 원색사진 15. 연통형토기(부여 능산리사지 출토, 높이 155cm, 국립부여박물관 소장)

◀ 원색사진 16. 솥모양토기(청주 봉명동 고분 출토, 높이 15cm, 국립청주박물관 소장)

◀ 원색사진 17. 대옹(파주 주월리 96-7호 주거지
출토, 높이 79.7㎝, 경기도박물관 소장)

▲ 원색사진 18. 파배
(청주 신봉동 고분 출
토, 높이 17.9㎝, 국립
청주박물관 소장)

◀ 원색사진 19. 배부병
(청원 주성리 고분 출토,
높이 14.3㎝, 국립청주박
물관 소장)

▼ 원색사진 22. 장경
병(나주 대안리 고분
출토, 높이 24.8㎝, 국
립광주박물관 소장)

▲ 원색사진 20.단경병(서산 여미
리 고분 출토, 높이 15.5㎝, 국립공
주박물관 소장)

▶ 원색사진 21. 사이부장경병(전 충
청남도 출토, 높이 23㎝, 충남대학교
박물관 소장)

▲ 원색사진 23. 장군(몽촌토성 출토, 높이 25cm, 서울대학교박물관 소장)

▲ 원색사진 26. 자라병(신안 신양리 출토, 높이 22.4cm, 국립광주박물관 소장)

▲ 원색사진 24. 뚜껑류(몽촌토성 출토, 우측 높이 6.3cm, 서울대학교박물관 소장)

▲ 원색사진 25. 쌍호(석촌동 고분 출토, 높이 5.6cm, 서울대학교박물관 소장)

▲ 원색사진 27. 변기모양토기(부여 군수리 출토, 길이 36cm, 국립부여박물관 소장)

▲ 원색사진 28. 녹유탁잔(나주 복암리 1호분 출토, 탁 지름 20.7cm, 국립광주박물관 소장)

▲ 원색사진 29. 영산강유역양식 토기 각종(우측 높이 13.4cm, 국립광주박물관 소장)

▲ 원색사진 31. 중국 흑자 계수호(천안 용원리 9호 석곽묘 출토, 높이 16.4cm, 공주대학교박물 관 소장)

▲ 원색사진 30. 분구수립토기(광주 월계동 전방후원분 출토, 중 간 뒤 높이 66.1cm, 국립광주박물관 소장)

▲ 원색사진 32. 중국 청자 완(천안 용원리 C 지구 석실묘 출토, 가운데 높이 9cm, 서울대학 교박물관 소장)

백제토기 탐구

머리말

　어릴 적 시골에서 자란 이들이라면 속살이 드러난 땅을 보는 것은 그리 어려운 일이 아니겠지만, 도시화가 급격히 진행되어 표면이 포장된 도시에서 주로 생활하는 요즈음은 특별한 경험이 되어 가고 있다. 그러나, 누구나 한번쯤은 집 주변 텃밭이나 산기슭 어디에서인가 깨진 토기편을 마주친 기억이 있을 것이다. 토기는 그처럼 우리 주변에서 그리 어렵지 않게 찾아 볼 수 있는 흔한 물건일지 모른다. 필자도 그러한 경험을 가지고 있다. 이 책에서 말하려 하는 것은 바로 그러한 흔한 존재로 여겨지고 있는 토기에 대한 것이다. 그 가운데서도 백제시대의 토기에 대해 살펴보려 한다.

　흔한 물건으로서의 토기편에 대한 평범한 기억을 가지고 있었던 필자가 토기에 대해 각별하게 생각하게 된 계기는 대학에서 고고학을 공부하면서부터이다. 고고학이란 인간의 행위에 수반되었던 수많은 물질들을 자료로 하여 인간에 대해 생각하는 학문이라 할 수 있다. 우리는 일상을 살면서 매우 다양하고 많은 물질을 소비한다. 여기서 일상이란 대부분 문화적인 행위들의 연속이다. 문화라면 떠오르는 것이 신문의 문화면에 나오는 사항들이겠지만, 그것은 좁은 의미의 문화일 뿐이고 넓은 의미의 문화라는 것은 인간이 지구상에서 살아 가기 위해 채용하고 있는 다양한 행위들의 복합이라 할 수 있다.

우리는 지금 그러한 행위를 하고 있고, 또한 그 의미에 대해 의식하든 아니하든 일상에서의 당연한 습관쯤으로 여긴다. 그러나, 지금의 우리가 없어진 이후 세대적 망각의 늪에 빠지게 되어 그 존재조차 모르는 후세인들은 현재 진행되고 있는 다양한 문화적 행위를 어떻게 알 수 있을까. 문화는 행위이므로 마치 무대에서 공연되고 있는 연극과 같아 그때 그 현장에서 보지 않으면 시간의 경과와 더불어 영원히 보이지 않는다. 그러나, 그러한 시간적 제한을 극복할 수 있는 단서가 있으니 그것이 바로 남아 있는 물질적 흔적이다. 문화 행위에는 거의 빠짐없이 물질 자료가 수반되기 마련이기 때문이다. 아침부터 밤에 잠들 때까지 얼마나 많은 물질이 자기의 행위에 관련되어 있었는지를 한번만 생각해 보아도 잘 알 수 있을 것이다. 그처럼 인간의 문화적 행위에 수반되어 남아 있는 물질 자료가 곧 유물이며, 이를 통해 더 이상 남아 있지 않는 문화적 행위의 구체적 내용에 접근하는 것이 고고학이다.

인간의 문화적 행위는 몇 가지 범주로 구분할 수 있다. 편의상 의식주와 같은 인간이 생물학적으로 존속하기 위한 필수적인 영역의 행위, 개별 인간들이 다수 모여 구성한 사회의 운영을 위한 여러가지 제도 등과 관련된 사회적 영역, 그리고 신앙이나 관념 등 사회를 원활하게 하기 위한 정신적 행위 영역 등이 그것이다. 토기는 그 가운데 일차적으로 의식주 등의 영역과 관련이 있으며, 그 가운데 특히 식생활이나 주거생활과 밀접한 관련이 있는 물질 자료라 할 수 있다.

이쯤 생각이 미치면 이제 토기는 대수롭지 않은 하찮은 유물이 아니라 어느 한 시기 이 땅을 살아갔던 사람들의 삶의 모습을 가시화해 볼 수 있는 귀중한 단서가 된다. 토기가 보편적으로 인간 삶의 중요한 영역에 수반되기 시작한 것은 신석기시대부터이며, 그 시작은 약 1만년 이전으로 거슬러 올라간다. 적어도 토기가 출현한 이후 인간들의 삶의 모습은 그 어떤 자료보다도 토기에 잘 남아 있게 된다. 그러므로, 백제토기에 대한 이해는 백제시대의 사람들의 삶의 모습을 재현해보기 위한 전제적 지식이 되는 것이다.

필자가 백제토기와 마주한 것은 약 20년 전쯤으로 거슬러 올라간다. 1980년대 중반 무렵 서울의 몽촌토성을 정비하기 위한 고고학 조사가 진행되고 있었던 때이다. 그 무렵까지 그 역사적 성격은 물론이고 시기조차 잘 알려져 있지 않은 몽촌토성 등 백제 유적에 대한 관심은 1986년도의 아시아경기대회와 1988년도의 올림픽대회 준비의 일환으로 그 일대를 정비 보존하기 위한 데서 비롯되었다. 이따금 조사 현장에 들러 토기 등의 유물을 볼 기회가 있었지만 무엇이 백제토기인지 판단할 배경 지식이 전무한 필자에게는 그저 막막하였다.

그러던 필자가 백제토기와 본격적으로 씨름하지 않으면 안 될 처지를 맞게 되었다. 1988년도 몽촌토성 발굴 조사의 현장 책임을 맡게 되었기 때문이다. 그해 약 3개월 정도 현장 조사를 진행한 다음 보고서 작업을 위해 약 3개월여의 실내 작업에 돌입하였다. 그 과정에서 가장 먼저 해결해야 할 과제가 백제토기는 무엇인가라는 질문이었다. 물론, 당시에도 학계에서는 백제토기에 대한 인식이 있었으나 필자의 눈에는 그 구분이 도무지 명확하지 않았다. 우선, 백제토기에 대한 개념을 정립할 필요가 있었다. 그래서, 필자는 백제토기라는 글자 그대로의 의미에 대해 천착해보기로 하였다. '백제토기'라면 백제시대에 백제사람들이 만들어 쓰던 토기임은 분명할 것이며, 여기서 말하는 '백제'는 삼국시대에 존속하였던 국가 가운데 하나인 백제(百濟)일 것이다. 그러자 바로 다가오는 문제는 국가로서의 백제는 언제 성립되었는가라는 질문이다. 이를 해결하지 않으면, 어느 무렵의 토기부터 백제토기라 하여야 할지를 규정하기 어렵기 때문이다. 물론, 백제토기라 하여 갑자기 그 이전의 토기와 천양지차로 달라질 리 만무하지만 적어도 개념적으로는 분명히 하지 않으면 안 될 문제일 것이다.

이러한 사연으로 지금껏 백제토기를 부여잡고 씨름하고 있다. 이 책에는 필자가 경험하였던 그러한 사고 과정을 따라 서술되어 있다. 모두 5개의 장으로 구성되어 있는데, 제1장 '백제토기란 무엇인가'에서는 무엇이 백제토기인가에 대하여, 제2장 '백제토기 형성 과정'에서는 백제토기의 형성 과정과 관련해서 그에 선행하였던 원삼국시대 토기에 대해서도 언급한다. 제3장 '백제의 부엌과 취사용기'에서는 백제토기를 통해 백제인들의 부엌과 취사 문화의 일면을 파악해보려 노력하였다. 제4장 '백제토기 주요 기종 변천'은 백제토기의 주요한 종류와 함께 각 기종들의 시기적인 변천 양상를 중심으로 설명하였다. 마지막의 제5장 '영산강유역 토기'는 백제토기의 범주에 두기에는 지역색이 강한 영산강유역의 토기에 대해 살펴보았다. 토기뿐만 아니라 대부분의 고고학 자료에 대한 이해는 비교를 통해 분명해지는 경우가 많다. 영산강유역 토기에 대한 이해는 백제토기와의 대비를 통해 더욱 그 특징이 뚜렷해질 것이다.

이상의 각 장의 내용을 서술함에 있어 필자가 주안을 둔 것은 시기적인 변천 양상이다. 필자가 처음 백제토기를 대하기 시작하였을 때와 비교하면 지금의 학계에 축적된 지식은 가히 비교가 되지 않을 정도로 풍부해진 것은 분명하지만, 아직 백제토기를 구성하는 여러 가지 기종 각각에 대한 이해는 더욱 심화되어야 할 부분도 적지 않다. 그리고 이러한 토기에 대한 이해를 통해 백제고고학 전반의 기틀이 되는 튼튼한 편년 체계가 마련되어야 할 것이다. 토기 연구의 다양한 관점이 있음에도 불구하고 시기적 변화 양상 파악에 많은 관심을 표명한 까닭이다. 그럼에도 본서에서 미처 다루지 못한 기종이나 문제가 적지 않다. 이는 전적으로 필자의 능력의 한계에 따른 것으로서 장차 연구를 통해 보완하고자 한다. 아무쪼록 이 책이 백제토기 이해에 작은 보탬이 되었으면 하는 바람이다.

끝으로, 백제토기에 대한 생각을 간추려 볼 기회를 주신 백제문화개발연구원의 조부영 원장과 신병순 사무국장께, 그리고 한 권의 책으로 태어나도록 노고를 아끼지 않은 주류성 출판사 최병식 사장과 직원 여러분께도 감사한다.

2006년 8월

박순발 識

차 례

차 례

백제토기란 무엇인가

1. 토기 개설

인간의 일상적인 삶을 구성하고 있는 3가지의 주요한 요소로서 흔히 의·식·주(依食住)를 든다. 이 가운데 가장 필수적인 것을 하나만 고르라고 하면 역시 생물학적 신진대사 활동의 하나인 식생활이 될 것이다. 이러한 인간의 식생활과 직접 관련되어 있는 고고학적인 자료 즉, 유물이 바로 토기이다. 따라서 토기의 역사는 인간의 역사에 버금갈만큼 유구하다.

토기의 역사가 인류의 역사에 버금간다는 것에 대해서는 약간의 설명이 필요하다. 인간이 처음부터 토기를 만들어 쓰지는 않았다는 의미이므로 어느 무렵에 이르러 왜 토기를 만들었으며 그러한 토기의 처음 쓰임새는 어떠했는지가 궁금할 것이다.

토기란 넓은 의미에서 보면, 점토광물에 물을 가하여 가소성(可塑性) 즉, 빚음성이 있는 물질로 변환하고 인간이 필요로 하는 형태로 만든 다음 여기에 불을 가하여 그 모양을 고정시킨 일종의 신소재(新素材)로서 요업제품(窯業製品)의 하나이다. 이러한 요업제품을 흔히 세라믹스(ceramics)라 하는데 이 소재의 유용성 및 개발 가능성은 매우 커서 현대의 첨단공학의 한 분야이기도 하다. 그 출발은 지금으로부터 약 27,000년 전 후기 구석기시대로 거슬러 올라간다. 조소상(彫塑像) 형태의 유물이 체코의 파블로프 유적에서 확인된 바 있는데, 이것이 인류사상 최초의 요업제품이다.

그러나 그릇의 형태로 만들어진 좁은 의미의 토기는 그 후 약 2만여 년이 경과한 신석기시대(新石器時代)에 들어서 비로소 출현하고 있다. 신석기시대에 대한 고고학적 정의는 식량 생산이 이루어진 시대 다시 말하면, 인간이 자신의 식량을 사냥이나 채집 등의 자연에 의존하지 않고 목축이나 농경 등의 자연의 변형 또는 자연에의 적극적인 간섭 과정을 통해 획득하기 시작하는 시대이다. 식량 생산 경제로의 전환은 인구 성장에 수반된 환경 악화에 대처하기 위한 인류의 선택으로 보는 입장이 지배적인 해석인데, 그렇다면 이러한 상황에서 토기가 등장하는 것은 어떠한 의미를 가지고 있을까?

식량 생산 경제의 원활한 운용을 위해서는 생산물의 저장이 매우 중요한데, 환경에 대한 인구 압력(人口壓力)의 증가의 결과로 초래된 식량 자원의 계절적 불균형에 대비하기 위해서는 생산물의 즉시적 소비가 아닌 일정한 보관이 필수적이기 때문이다. 이러한 생계 경제(生計經濟) 하에서 토기가 등장하고 있음은 토기의 쓰임새와 관련하여 시사(示唆)

하는 점이 많은데, 처음 토기의 용도는 식품 저장에 있었을 가능성이 크다. 인류 역사상 맨 먼저 식량 생산 경제가 시작된 근동(近東)지역에서는 기원전 7,000년 무렵 최초로 토기가 출현하고 있다. 이란의 간즈 다레 유적에서 나온 토기는 높이 80㎝에 달하는 대형이어서 무엇인가를 저장하는 데에 적합하다. 토기의 쓰임새가 식량 등을 저장하는 것임을 보여주는 자료라 할 것이다.

한반도에서는 기원전 5,000년 무렵에 처음으로 토기가 나타나고 있다. 그러나 당시의 생계 경제는 아직 채집 경제에 머무르고 있어 근동이나 인접한 중국의 중원지역 등의 신석기시대와는 다르다. 이러한 사정은 일본 열도에서도 마찬가지지만, 반면에 토기는 한반도는 물론이고 근동지역보다도 훨씬 이른 기원전 10,000년경에 이미 나타나고 있어 토기와 식량 생산 경제와의 관계는 직접적이지 않음을 보여 주고 있다. 일본 열도에서 이처럼 일찍 토기가 출현하고 있는 것에 대해서는 아직 의아스럽게 여기는 입장도 있으나, 아무튼 토기가 식량 생산 경제 성립 이전에도 만들어졌음은 이로써 분명하다.

근동의 토기 등장에서 알 수 있듯이 토기는 식량 생산 그 자체와 연관된다기보다는 식량의 저장과 더욱 밀접한 관련을 가지고 있음을 보여 주는 것으로 이해하면 좋을 것이다. 사실, 근동지방에서는 식량 생산의 이른 단계에는 아직 토기가 쓰이지 않았는데, 이 단계를 '무(無)토기 신석기시대(pre-pottery neolithic)'라고 부른다. 이 단계에서는 아직 수렵과 채집 등이 생계에서 차지하는 비중이 다음 시기에 비해 상대적으로 높았음은 두말할 필요 없다. 결국 이 단계의 생계 경제하에서는 아직 식료품의 저장이 많지 않았던 것으로 보아야 할 것이다. 한편, 채집 경제 하에서도 유리한 환경을 갖춘 곳에서는 식량의 저장과 더불어 정주 생활(定住生活)이 이루어지고 있었음이 확인되고 있는데, 북태평양 연안의 인디언 사회의 경우가 이에 해당된다. 이러한 고고학적인 사실들은 토기의 출현이 식량의 저장과 밀접한 관계가 있음을 보여 주는 것으로 이해된다.

저장용기로서 처음 등장한 토기는 이후 인간의 식생활과 더욱 깊은 관련을 가지면서 발달되어 조리용기나 배식기(配食器) 등의 용도로 자리 잡으면서 풍요로운 우리의 음식 문화의 한 부분으로 정착되었을 것이다.

이러한 토기의 쓰임새에 비추어 보면 인류 문화의 진보와 더불어 토기는 더욱 발달하게 된 것이다. 음식 문화 내용의 개선에 따라 토기의 종류나 질 역시 점차 다양화, 고급화의 길을 걷게 되었을 것임은 두말할 필요가 없다. 따라서 토기의 변천을 살펴봄으로써 인간의 식생활의 변화 과정을 알 수도 있을 것이다. 또한 토기에는 각 시대마다의 다양한 치장이 더해져 있어 이를 통해 그 시대 사람들 간의 상호 관계, 사회 구조 등을 파악할 수도 있으며, 나아가 그들의 아름다움에 대한 집단 의식의 변천 내용 즉, 미술사(美術史)의 자료로도 쓰일 수 있다. 더구나 인간 생활에서의 토기의 쓰임새가 많은 까닭에 그 양이 풍부할 뿐만 아니라 재질 자체가 오랜 시간의 경과에도 불구하고 썩어 없어지지 않는 무기질(無機質)로 되어 있으므로 고고학 자료의 대부분을 차지하고 있다.

2. 백제토기의 정의(定義)

백제토기란 백제시대에 백제사람들이 만들어 쓰던 토기라 할 수 있을 것이다. 여기서 백제(百濟)란 역사적인 정치체(政治體)의 이름인데, 그 정치 사회적 발전 단계는 국가(State) 단계를 의미한다. 즉, 백제토기는 국가 단계의 정치체로서 백제에서 제작하여 쓰던 토기이다.

이러한 명확한 개념 규정 없이 백제의 고토(故土)로 여겨지는 지금의 경기, 충청 그리고 전라도 지역에서 발견되는 고대 토기를 모두 백제토기라 한다면, 국가 단계 이전의 원삼국시대(原三國時代) 마한(馬韓)이나 예계(濊系)계 집단의 토기는 물론이고 심지어 고구려나 신라의 토기도 백제토기로 혼동하는 잘못을 범할 수 있다. 실제로 1980년대 중엽에 발간된 백제토기 관련 도록(圖錄)에 수록되어 있는 자료 가운데는 백제토기가 아닌 것들이 다수 포함되어 있는데, 그러한 잘못은 백제토기에 대한 개념이 분명하지 못한 데에 따른 것이라 할 수 있다.

그런데, 위와 같은 백제토기 개념을 따라 실제로 백제토기를 가려내는 일은 결코 간단하지 않다. 백제라는 정치체가 언제 어디서 국가 단계로 성장하였는가 하는 전제적 작업이 선결되어야 하기 때문이다.

백제의 건국(建國)에 대하여 『삼국사기』 백제본기의 온조(溫祚)왕 건국조에는 기원전 18년 온조가 고구려로부터 내려와 한강유역의 오늘날 서울 강동구 · 송파구 일원에 도읍(都邑)한 것으로 전하고 있다. 그러나 기원후 3세기 중엽경까지의 한반도의 각 정치체(政治體)들의 사정을 기록하고 있는 중국의 『삼국지(三國志)』 위서(魏書) 동이(東夷)전에는 아직 백제(百濟)라는 정치체는 보이지 않고 다만 마한(馬韓) 54개의 작은 나라(小國)들 가운데 하나였던 '백제(伯濟)'만이 확인될 뿐이어서 과연 그 무렵 백제의 정치 사회적인 발전 단계가 국가 수준에 도달하였는지를 판단하기 어렵다.

한편, 고고학 자료를 보면 『삼국사기』에서 말하는 백제 건국 시점인 기원전 1세기 말 무렵은 한강 유역에서 철기가 등장한지 약 1세기가 경과한 시기이다. 국가 수준의 물질적 자료로 볼 수 있는 대형고분(大形古墳)이나 성곽(城郭) 등은 보이지 않고 있어 『삼국사기』의 기사보다는 『삼국지』 동이전의 기사가 당시의 실상에 더욱 부합됨을 알 수 있다.

백제의 발상지(發祥地)인 한강유역에서 현재까지 확인된 고고학적 자료로 보는 한 백제의 국가 형성은 서울의 석촌동(石村洞), 가락동(可樂洞) 일원의 평야지대에 대형 봉토를 가진 고분이 만들어지고 풍납토성이나 몽촌토성 등의 성곽이 출현하는 기원후 3세기 중후반경을 상한(上限)으로 하며, 좀 더 구체적으로 3세기 3/4분기(250~275년)의 일로 보인다. 이 무렵에 등장하는 위의 유적들에서는 당시 중국의 서진(西晉 : 265~316)에서 들어온 유물들이 출토되고 있어 이제 막 국가 단계로 성장하고 있는 한강유역의 정치체 즉, 백제는 중국의 서진(西晉)과 활발한 대외 교섭을 하고 있었음을 잘 보여주고 있을 뿐 아니라 이러한 교섭을 담당할 수 있는 정치 엘리트들의 존재를 반증(反證)하고 있기도 하다. 이는 『진서(晉書)』 마한(馬韓)조에 보이는 마한의 서진 조공(朝貢) 관련 기사와도 일치되고 있어 이 무렵에 한강유역의 '백제(伯濟)'가 실질적인 마한의 맹주로 성장하였음을 말해주고 있다.

이러한 고고학 자료 및 중국 측 사료에 의해 엿보이는 기원후 3세기 중후반의 백제 국가 형성 과정은 같은 시기의 『삼국사기』 기사인 고이왕(古爾王)조의 내용과도 부합되는 측면이 많다. 현재 문헌사학계에서는 백제가 국가 단계로 성장하는 시점을 고이왕대의 연맹왕국 등장과 함께 하는 것으로 보는 것이 정설이다.

백제가 국가 단계에 이른 기원후 3세기 중후반 무렵에 처음으로 등장하는 대형고분과 성곽 등의 유적에서 출토되는 토기들은 앞선 시기에 한강유역에서 보이던 원삼국시대의 토기와는 매우 다른 새로운 그릇 종류들로 구성되어 있다.

기원후 3세기 중후반 무렵에 등장하는 백제토기는 그 이전 시기에는 보이지 않았던 다수의 새로운 기종들로 구성되어 있다. 2~5㎝ 가량 되는 굽다리가 달린 굽다리접시(高杯), 직구단경호(直口短頸壺)라 부르는 깃으로서 짧고 곧은 목에 공 모양의 둥근 형태의 몸체를 가진 항아리, 그리고 그와 거의 같은 모양이지만 어깨가 더욱 넓으면서 아래쪽으로 갈수록 그 폭이 점차 줄어든 모양을 한 직구광견호(直口廣肩壺), 삼족기(三足器)라 부르는 3개의 다리가 달린 접시 또는 쟁반 모양의 그릇(三足

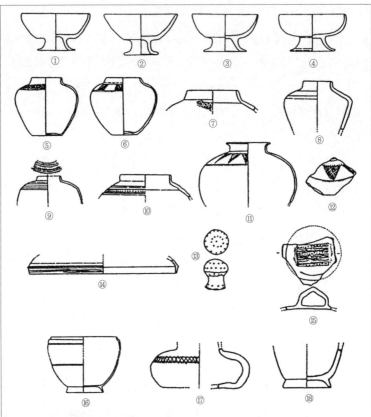

①석촌동 2호분 문화층(BF) ② · ③ 석촌동 즙석봉토분(下) ④ 몽촌토성 88-4호 저장공(H) ⑤ · ⑥ 가락동 2호분(BF) ⑦ 몽촌토성 탐색 트렌치(BF) ⑧ 석촌동 1호 석곽묘(下) ⑨ 석촌동 3호분 동쪽 대형 토광적석부(BF) ⑩ 몽촌토성 88-4호 주거지 주변(BF) ⑪ · ⑫ 석촌동 3호분 동쪽 대형 토광 적석부(BF) ⑬ 몽촌토성 동남지구 탐색 트렌치(BF) ⑭ 몽촌토성 88-2호 저장공(BF) ⑮ 몽촌토성 동남지구 탐색 트렌치(BF) ⑯ 석촌동 87-1호 토광묘 하층(BF) ⑰몽촌토성 87-1호 저장공 충진층 ⑱ 석촌동 3호분 동쪽 대형 토광적석부(BF)

그림 1. 흑색마연토기 여러 기종

器) 등이 대표적이다.

 백제의 국가 성립기에 등장하는 그러한 일련의 새로운 그릇 형태들은 중국 서진대(西晉 : 265~316년)를 중심으로 한 시기에 널리 유행하던 것들과 매우 흡사한 점이 주목된다. 앞서 이미 보았듯이 국가 성립기에 활발하였던 조공(朝貢) 관련 기록들과 밀접한 관계가 있을 것이다. 원거리 대외 교섭은 국가 성립기에 활약한 정치적 엘리트 계층들이 주도하게 되는데, 『진서』 마한전에 보이는 빈번한 대외 교섭은 바로 그 무렵 한강유역에서 국가로 성장하던 백제의 지배 엘리트들의 모습을 엿볼 수 있게 한다. 아마도 그러한 과정에서 중국 동북지역의 선진 문물이 다수 유입되었을 것이며, 이들은 곧 지배 계층의 고급 물질 문화로 정착되었던 것으로 이해된다(그림 1 참조). 이와 관련해 주목되는 점은

그러한 새로운 토기 종류들이 모두 표면을 매끄럽게 문질러 광택이 나는 검은 색깔의 토기질로 만들어졌다는 것이다(사진 1). 이를 '흑색마연토기(黑色磨研土器)'라 하는데, 이는 당시 고급 그릇의 재질로 귀하게 여기던 칠기(漆器)의 재질감을 토기로 번안(飜案)하려는 제작 의도와 밀접한 관련이 있을 것으로 보인다.

사진 1. 석촌동 고분군 출토 흑색마연토기

흑색마연토기로 나타나는 일련의 특징적인 토기 양식의 출현은 곧 백제의 국가 성립과 시기적으로 일치되고 있다. 이러한 특정 토기 양식은 백제의 영역 확대와 더불어 점차 인접 지역으로 확산되면서 일정한 공간 내에서 통일적인 모습을 띠게 된다. 이러한 모습은 백제뿐만 아니라 고구려나 신라의 국가 형성 과정에서도 나타나고 있어 매우 흥미롭다. 특정한 토기 양식의 공간적 통일성과 국가 단계의 정치체 등장 사이에 관찰되는 대응 관계는 한반도 고대 사회에서 관찰되는 중요한 고고학적 특징 가운데 하나라 할 수 있다.

3. 토기 명칭의 의미

고고학에서 쓰고 있는 토기 이름은 당시 그 토기를 사용하였던 사람들의 실제 쓰임새와는 직접 관련이 없다. 고고학자들이 토기의 분류나 구분을 위하여 편의적으로 부여한 이름에 지나지 않는다. 사실 그릇의 구체적인 쓰임새는 고고학적으로 정확히 알 수 없는 경우가 대부분인데, 그릇에 담아 두는 거의 대부분의 물질이 쉽게 썩어 없어지는 유기질로 된 것이기도 하거니와 설사 운 좋게도 우연히 그 물질의 흔적이 남아 있더라도 그로써 그릇의 쓰임새를 단정해도 좋을 정도로 충분한 통계적 의미를 가지기는 어렵기 때문이다.

그렇다면 우리는 토기의 종류, 즉 기종(器種)을 어떻게 가려낼 수 있으며, 그리고 분류 결과 각 기종에 부여한 이름의 의미는 어떻게 이해하여야 하는가.

토기의 전체적인 형태가 서로 같지 않다는 것은 토기의 제작자 또는 사용자들이 무엇인가의 쓰임새를 설정하고 그에 적합한 형태를 선택한 결과임은 틀림없을 것이다. 오늘날 우리가 접시나 대접으로 부르는 것과 같이 그릇 벽의 높이가 입지름에 비해 작은 것들은 분명 항아리와 같이 내용물을 담을 수 있는 몸체가 입지름에 비해 현저하게 큰 부류와는 쓰임새가 같지 않을 것이다. 앞 부류의 그릇들은 담긴 것을 쉬 퍼낼 수 있도록 배려한 것이라면 항아리와 같은 부류는 저장의 편의성에 초점이 맞추어져 있음을 알 수 있다. 이처럼, 토기의 전체적인 형태에는 일정하게 그 쓰임, 즉 기능(機能)을 반영하고 있다.

그렇다고 하여 토기의 전체 형태가 곧 구체적인 용도(用途)를 말해주는 것은 아니다. 항아리와 같은 형태는 무엇인가를 저장하는 데에 편리한 기능을 가지고 있음은 분명하지만 구체적으로 그 속에 어떤 내용물을 담았느냐와 같은 쓰임새, 즉 용도에 대해서는 확실하게 알 수는 없다. 더우기 형태가 내포하는 본래의 기능과 다른 쓰임새로 사용될 수도 있다. 저장이 본래 기능인 항아리를 취사(炊事)용이나 배식(配食)용 등으로 일시 사용하는 경우가 얼마든지 있을 수 있기 때문이다. 그러므로, 일반적인 의미의 토기 쓰임새는 전체적인 형태에 반영된 기능의 개념과 특정 토기가 구체적으로 사용된 용도의 개념으로 구분하는 것이 필요하다. 이러한 관점에서 보면 고고학에서 흔히 사용하고 있는 기종 개념은 동일 형태를 가진 토기들에 내재된 것으로서 그 기능이 같은 것

들을 의미하는 것이다. 이러한 까닭으로 토기의 명칭은 주로 그 형태상
의 특징을 나타내는 이름이 사용되고 있다. '직구단경호', '굽다리 접
시(고배)', '삼족기', '깊은발형토기(심발형토기)', '목긴항아리(장경
호)' 등의 기종명은 그러한 것이다.

백제토기 형성 과정

1. 원삼국시대 토기

　백제토기를 백제가 국가 단계에 진입한 이후의 토기라 규정할 때 그에 앞선 시기의 토기를 원삼국시대(原三國時代) 토기라 할 수 있다. 원삼국시대란 『삼국사기』 등 문헌사료 상으로는 고구려, 백제, 신라 등의 국가체의 명칭이 등장하고 있으나 백제나 신라 등은 아직 완전한 국가 단계에는 이르지 못한 채 다수의 소국(小國)들이 병립하고 있는 시대를 말한다. 이 무렵 대동강유역을 중심으로 하는 한반도 서북지역에는 낙랑(樂浪)으로 대표되는 중국의 군현(郡縣)이 존속하고 있던 때이기도 하다. 최근 원삼국시대 설정에 대한 이견도 있으나 고고학적으로 볼 때 낙랑으로 대표되는 중국 군현의 선진 문물이 특히 한반도 남부 토착사회에 지속적으로 영향을 미치면서 토착 군소 정치체들이 국가 단계로 성장하고 있던 시기로 이해할 수 있다. 여기서는 이 무렵의 토기 가운데 백제의 발상지인 한강유역 및 중서부지역의 토기 양상의 전개를 중심으로 살펴봄으로써 백제토기 성립 이전의 모습을 알아보기로 한다.

지금의 행정 구역상으로 서울, 경기, 충청남북도에 해당하는 한강유역 및 중서부지역의 원삼국시대는 토기의 변천 양상을 기준으로 할 때 Ⅰ, Ⅱ, Ⅲ기 등 대략 3시기로 구분 가능하다.

제Ⅰ기는 초기철기시대(初期鐵器時代)의 특징적인 토기인 점토대토기(粘土帶土器)에서 유래한 것으로 추정되는 이른바 경질무문토기(硬質無文土器)만 사용되던 시기이다. 점토대토기는 구연(口緣)에 점토띠를 부착한 특징적인 모습의 토기로서 세형동검(細形銅劍), 다뉴경(多鈕鏡) 등의 한반도 지역 특유의 청동기와 함께 사용되던 것이다. 시간의 경과와 더불어 점토띠의 단면 모양이 처음의 둥근 원형에서 삼각형으로 변천하다가 마침내 점토띠는 없어지고 구연이 밖으로 외반(外反)되는 모습으로 귀결된다. 경질무문토기란 바로 점토띠가 소멸된 외반 구연 단계의 토기라 할 수 있다. 이 무렵의 토기질은 표면색이 적갈색이고 바탕 흙에는 모래 등 거친 입자가 다수 포함된 것으로서 청동기시대의 무문토기(無文土器)와 별로 차이가 없지만, 청동기시대 무문토기와 구분하기 위하여 '경질무문토기'라는 명칭을 부여하고 있는데, 경질무문토기의 출현 시점은 대략 기원전 100년경으로 볼 수 있다.

지금까지 확인된 이 시기의 유적은 주로 한강유역 및 강원도 영동(嶺東)지역에 집중되고 있다. 하남시 미사리(渼沙里), 강릉 강문동(江門洞), 중원 하천리(荷川里) 등에서 확인된 것들이 이에 해당된다. 한편, 이 무렵의 주거지에서는 철기가 출토되고 있는데, 그 기술적인 계통은 앞선 초기철기시대와 달리 중국 한(漢)대의 발달된 단조(鍛造) 철기들이다. 이들은 낙랑 등 중국의 군현지역으로부터 수용된 철기 기술이다.

제Ⅱ기는 경질무문토기와 더불어 새로이 표면을 두드려 무늬를 남긴 이른바 타날문토기(打捺文土器)가 나타나는 시기이다. 한강유역에서 타날문토기가 정확히 언제 등장하였는지에 대해서는 아직 분명하지 않은 점이 많다. 한강유역이나 중서부지역에서는 이 무렵에 해당되는 자료가 거의 없으나 최근 영남지역에서 속속 드러나고 있는 예(그림 2 참조)로 보아 한강유역에서도 대략 기원전후 무렵에는 타날문토기가 제작 사용되었을 가능성이 있다.

〈그림 2〉를 보면 영남지역에서 타날문토기가 등장하는 시점은 기원후 1세기 전반경이다. 그리고, 그러한 타날문토기의 등장 배경은 역시 낙랑 지역의 토기이다. 사실, 타날문토기는 일찍이 중국의 전국(戰國)시대 주조(鑄造) 철기문화가 한반도에 들어와 초기철기문화와 더불어 압록강(鴨綠江), 청천강(淸川江)유역 등 한반도 서북지역에 먼저 등장하였다. 그 시점은 대략 기원전 300년경을 전후한 무렵이었지만, 한반도 남부지역까지 널리 퍼지게 된 것은 낙랑 등 한(漢) 군현이 대동강유역에 설치된 이후이다. 그러한 점에서 타날문토기의 기술적인 계보는 중국의 전국시대 토기 제작 기술에 있다 할 것이다.

아무튼, 낙랑 문물의 확산에 따라 영남지역에 처음 등장하는 타날문토기는 항아리(壺)의 몸체에 새끼줄 무늬가 있는 이른바 승문(繩文)이 타날된 것이다. 그러나, 기원후 2세기 이후가 되면 문살무늬가 있는 이

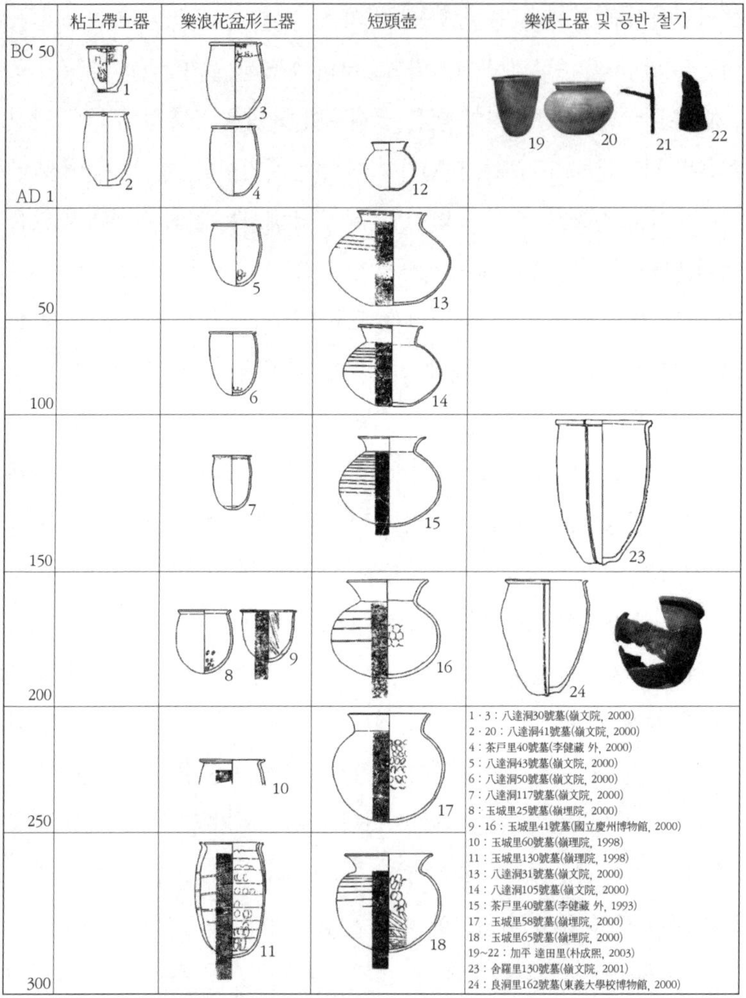

그림 2. 영남지역 원삼국시대 토기의 변천

른바 격자(格子) 타날이 새롭게 나타나고 있다. 이러한 격자 타날의 등
장 역시 낙랑 등 군현지역으로부터의 새로운 토기 제작 기술의 파급으
로 이해되고 있다. 이와 같은 영남지역에서의 타날문토기 변천 양상에
비추어 볼 때 한강유역 및 중서부지역의 모습에는 특이한 점이 발견된
다. 이른 시기에 해당되는 승문 타날 기법이 극히 희소하다는 점이다.
현재까지 알려진 것 가운데 승문 타날된 것은 미사리에서 확인된 1점
뿐인데, 그 역시 기형(器形)으로 보아 2세기 전반경에 해당될 수 있을
뿐이다. 그러나, 그에 이어지는 다음 단계의 격자타날토기는 비교적 풍
부하다. 이는 영남지역에서 2세기 후반대에 처음 등장한 격자타날토기
들과 같은 맥락이다. 이처럼, 한강유역 및 중서부지역의 타날문토기의
전개 과정은 영남지역과 비교해 보면 승문 타날 단계가 생략된 듯한 느
낌이다. 장차 이른 단계의 승문타날토기 자료의 증가가 기대되는데, 만
약 이 단계의 토기가 확인된다면 그 시점은 앞서 말한 것처럼 기원전후
무렵이 될 가능성이 높다.

타날문토기의 이와 같은 변천 경향을 고려하면 한강유역 및 중서부지
역의 원삼국시대 제Ⅱ기는 승문 타날 단계와 격자 타날 단계로 세분해
볼 수 있다. 그 분기점은 영남지역의 예를 참고하면, 대체로 기원후
150년경이 될 수 있을 것이다(그림 3 참조).

제Ⅲ기는 이른바 '심발형토기(深鉢形土器)'나 '장란형토기(長卵形土
器)' 등 새로운 취사용기의 등장을 표지(標識)로 하는 시기이다.

심발형토기란 청동기시대 이래의 무문토기와 같은 적갈색 또는 갈색

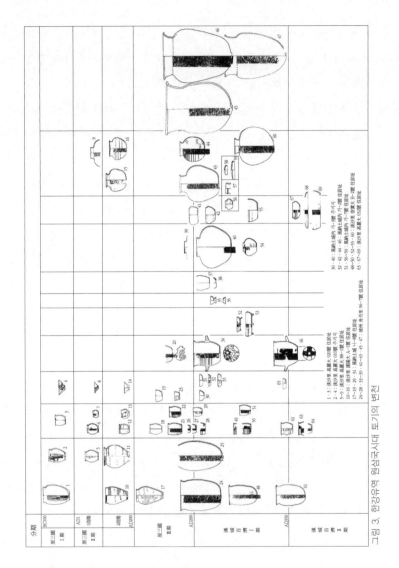

그림 3. 한강유역 원삼국시대 토기의 변천

을 띠는 무른 질의 토기로서 그 형태 역시 무문토기나 경질무문토기와 다르지 않다. 유적에서 출토되는 맥락으로 보아 이들은 취사용기의 일종으로 보아 틀림없다. 장란형토기는 그 모양이 계란의 윗부분을 잘라 낸 모습 같기 때문에 붙여진 이름인데, 심발형토기와 달리 밑이 둥글며, 또한 훨씬 크다. 이는 지금의 솥과 같은 기능을 가진 것으로서 그 위에 시루를 올려 곡물을 쪘던 것으로 보인다. 심발형토기나 장란형토기에는 모두 표면에 타날문이 있는데, 구체적인 문양 내용은 지역에 따라 일정한 차이가 있어 흥미롭다. 백제의 발상지인 지금의 서울지역에서는 승문 타날이 주종을 이루는 반면 그 외곽의 경기, 충청남북도 지역에서는 격자문이 중심을 이루고 있다. 이들 새로운 기종 출현의 이면에는 낙랑이나 대방(帶方) 등 군현지역의 신문물이 있었던 것임이 최근 경기지역의 고고학 조사를 통해 알려지고 있다.

최근 심발형토기와 장란형토기의 구체적인 출현 시점을 둘러싸고 학계의 관심이 고조되고 있는데, 그 까닭은 백제가 국가 단계로 성장한 고고학적 근거가 될 수 있는 성곽(城郭)의 축조 시기 비정과 밀접한 관계를 가지고 있기 때문이다. 풍납토성 발굴을 담당한 국립문화재연구소 측의 보고자들은 이 성의 축조시기를 기원후 1세기 전엽~말엽으로 올려 보고 있으며, 일부 문헌사학자들 역시 이러한 주장에 가세하고 있다.

풍납토성 조사는 일찍이 1962년도에 부분적으로 조사한 후 오래 동안 관심밖에 머물렀으나, 1997년도 아파트 건립을 위해 지하 4m 가량 되는 지점까지 굴토하였을 때 원삼국시대 및 백제시대 문화층이 그대로 남아 있는 것이 확인됨에 따라 본격적으로 학계의 집중적인 관심을 끌게 되었다. 일부 지점에 대한 조사를 통해 토성(土城)이 축조되기 이전에 이미 환호(環壕)로 불리는 방어 시설로 둘러싸인 취락이 있었으며, 이것이 폐기된 후에 성벽이 만들어졌음이 알려졌다. 그 과정에서 도랑 형태의 환호 내부 매몰토 속에서 문제의 심발형토기나 장란형토기가 출토되었으며, 성벽을 축조할 무렵의 구지표면에서도 심발형토기, 장란형토기를 비롯한 유물들이 확인되었던 것이다. 성벽의 축조 시점은 이들 토기가 제작 사용되었던 시기보다 더 올라 갈 수 없음이 분명하게 된 것이다.

  심발형토기나 장란형토기가 언제 등장하였는지를 말해주는 직접적인 고고학 자료는 없으나 적어도 상한(上限) 시기, 즉 그보다 더 연대가 올라 갈 수 없음을 보여주는 자료는 있다. 그것은 미사리 유적 조사를 통해 확인된 '한양대 A-1호'로 이름 붙여진 주거지 출토품들이다. 〈그림 4의 1~5〉의 토기들이 그것인데, 여기에는 아직 심발형토기나 장란형토기가 없다. 그런데, 이와 같은 토기 양상이 어느 시기에 해당하는 것인지를 판단하는 데에 있어 매우 중요한 근거가 되는 것이 함께 나온 청동거울이다(사진 2). 이 거울은 본래 문양이 정교한 거울을 되찍어 만든 이른바 방제경(倣製鏡)으로서, 그 모델이 되었던 거울은 〈그림 5〉와 같은 소위 방격사유경(方格四乳鏡)임을 알 수 있다. 가운데 고리 주위에 네모를 두르고 각 변에 각기 한 개씩의 점을 찍은 문양으로 되어 있는

	硬質無文土器 大鉢 및 長卵形土器	硬質無文土器 小鉢 및 深鉢形土器	시 루	有 頸 大 壺	壺 類	樂浪系土器

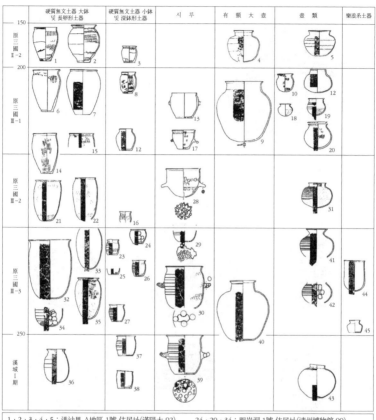

1·2·3·4·5 : 渼沙里 A地區 1號 住居址(漢陽大 92)
6·7·8·9·10·11 : 荷川里 F地區 1號 住居址
12 : 舟月里 97-13遺構
13 : 舟月里 2號 住居址(漢陽大 96)
14·15·17·20 : 發安里 1號 住居址
16·26·27·29·41 : 風納土城 나-8號 住居址
18·19 : 淸堂洞 20號
21·22 : 長院里 19號墓 周溝埋納 3號 甕棺
30 : 風納土城 가-2號 住居址

24·29·34 : 明岩洞 1號 住居址(淸州博物館 99)
25·32·33·39·40 : 舟月里 96-7遺構
31 : 長院里 19號墓
35 : 長院里 19號墓 周溝埋納 4號 甕棺
36·37·38 : 馬霞里 木槨墓
42 : 明岩洞 5號 住居址(淸州博物館 99)
43 : 馬霞里 1號 石槨墓
44 : 堂下里 F-1遺構
45 : 馬場里 住居址

그림 4. 한강유역 및 중서부지역 원삼국시대 II~III기 토기의 변천

사진 2. 미사리 유적 출토 방제경

거울 내부만을 본 뜬 것임을 알 수 있다.

방격사유경은 후한(後漢)의 늦은 시기부터 서진(西晉 : 265~316년 존속)대까지 성행하던 거울의 형식으로 알려져 있다. 이로 보아 이 주거지의 시간적 위치는 기원후 150~200년 사이에 비정하는 것이

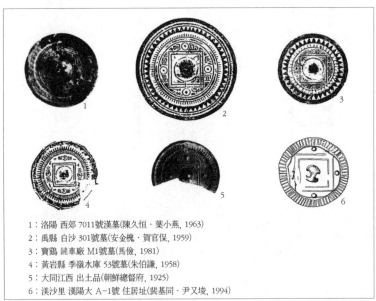

1 : 洛陽 西郊 7011號漢墓(陳久恒 · 葉小燕, 1963)
2 : 禹縣 白沙 301號墓(安金槐 · 賀官保, 1959)
3 : 寶鷄 鏵車廠 M1號墓(馬儉, 1981)
4 : 黃岩縣 季嶺水庫 53號墓(朱伯謙, 1958)
5 : 大同江西 出土品(朝鮮總督府, 1925)
6 : 渼沙里 漢陽大 A-1號 住居址(裴基同 · 尹又埈, 1994)

그림 5. 미사리 출토 방제거울과 후한~서진대 중국 거울

가능하게 된다. 앞서 이미 본 것처럼 이 무렵은 영남지역 타날문토기 전개 과정상으로 볼 때 격자 타날이 성행하던 시기와 일치되는데, 이 주거지 토기 역시 동일한 격자 타날 일색이어서 그러한 시기 비정의 타당성을 뒷받침해주고 있다. 아무튼, 이러한 근거 자료로 보면 기원후 200년 이전에는 아직 심발형토기나 장란형토기가 등장하지 않았음이 분명하다. 그러므로, 풍납토성의 축조 시기를 기원후 1~2세기대로 비정하는 것은 그 근거가 전혀 없는 것이다.

한강유역에서 심발형토기나 장란형토기가 출현하는 시점은 현재까지 알려진 자료로 볼 때 기원후 200~250년 사이로 판단된다. 이러한 연대관은 당시 한반도 주변의 일본 열도나 중국의 고고학 자료와의 대비 검토를 통해서도 뒷받침될 수 있다. 〈그림 6〉에서 보는 것처럼 부산 동래

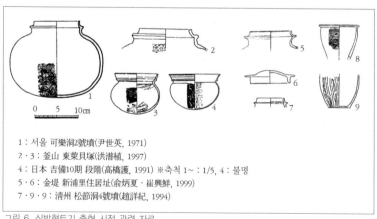

1 : 서울 可樂洞2號墳(尹世英, 1971)
2 · 3 : 釜山 東萊貝塚(洪潛植, 1997)
4 : 日本 吉備10期 段階(高橋護, 1991) ※축척 1~ : 1/5, 4 : 불명
5 · 6 : 金堤 新浦里住居址(俞炳夏 · 崔興鮮, 1999)
7 · 9 · 9 : 淸州 松節洞4號墳(趙詳紀, 1994)

그림 6. 심발형토기 출현 시점 관련 자료

사진 3. 풍납토성 출토 회유도기 옹   사진 4. 중국 장수(江蘇)성 이싱(宜興) 출토 전
　　　　　　　　　　　　　　　　　문도기 옹

　패총에서는 심발형토기와 함께 사용되던 '대경호(帶頸壺)' 또는 '경부
돌대토기(頸部突帶土器)' 등으로 불리는 특징적인 원삼국시대 토기와 3
세기 중엽~후반경의 일본 열도 토기가 함께 나오고 있다. 그리고, 풍납
토성 내부 조사에서는 심발형토기 및 장란형토기와 역시 동시기에 제
작 사용된 토기 가운데 하나인 대옹(大甕)으로 불리는 대형 저장토기
(그림 3의 45~47 참조)가 중국의 동오(東吳 : 222~279년 존속)~동진
(東晉) 초(4세기 전반)에 특징적으로 유행하던 돈무늬가 찍혀진 이른바
전문도기(錢文陶器)와 함께 나오기도 하였다(사진 3 및 사진 4 참조).
　지금까지 살펴본 한강유역 및 중서부지역 원삼국시대 토기 변천 내용
을 요약 정리하면 〈표 1〉, 〈그림 3〉, 〈그림 4〉 등과 같다.

표 1. 한강유역 및 중서부지역 원삼국시대 편년

분기		연대	토 기 양 상	주 요 유 적
원삼국 Ⅰ기		BC 100 AD 1	경질무문토기	미사리 고려대 20 · 22호 주거지. 강릉 강문동 1호 주거지. 중원 하천리 F지구 1호 주거지.
원삼국 Ⅱ기	1	AD 150	경질무문토기 승문타날 단경호	미사리 고려대 88-1호 주거지
	2	AD 200	경질무문토기 격자타날 호류원	미사리 한양대 A-1호 주거지
원삼국 Ⅲ기	1		경질무문토기 : 바리, 납작밑시루 격자타날 : 심발형토기, 호류	하천리 F지구 1호, 파주 주월리 97-13호, 2호, 화성 발안리 1호 등 주거지, 천안 청당동 20호 묘
	2	AD 225	경질무문토기 : 바리, 둥근밑시루 격자타날 : 심발형토기, 장란형토기, 유경호 평행타날 호류	청주 명암동 1호 주거지, 송절동 93B-1 · 2 · 3호 묘, 공주 장원리 19호 묘, 진천 요지 1단계.
	3	AD 250	격자타날 : 장란형토기, 심발형토기 승문타날 : 장란형토기, 심발형토기(한강유역) 승문+격자타날 : 심발형토기, 둥근밑시루(한강유역) 평행타날+격자 단경호 평행타날 단경호 낙랑계 토기	풍납토성 내 나-8호, 가-2호, 명암동 99-5호, 주월리 96-7호, 춘천 중도 1 · 2호, 가평 마장리 등 주거지, 송절동 93A-6호 묘 화성 당하리, 기안리, 시흥 오이도 등 낙랑계 토기 출토 유적 중도, 제천 양평리 1 · 2호, 연천 학곡리 등 즙석식적석묘
한성 Ⅰ기			승문+격자 : 장란형토기 승문타날 : 심발형토기(깎기 수법), 납작밑시루 평행타날 단경호, 심발형토기 한성양식 기종 등장 : 고배, 직구단경호, 흑색마연 직구광견호 등	도화리 즙석식적석묘 오창 송대리 6호 묘 진천 요지 2~5단계 화성 마하리 목곽묘, 서울 가락동 2호 분 몽촌토성

2. 백제의 국가 형성과 백제토기의 등장

1) 백제의 국가 성립 시기

『삼국사기』 백제본기 기사에 따르면 백제는 기원전 1세기 말경 이미 완전한 국가 단계였던 것으로 볼 수 있을 것이다. 온조왕(溫祚王)대 기사 가운데 그러한 면모를 보여주는 부분을 들면 다음과 같다.

왕에 의한 군사권의 장악 및 대외전쟁의 수행(온조왕 3년 가을 9월 "말갈이 북쪽 경계를 침범할 때 왕이 날랜 병을 거느리고 급히 쳐 크게 무찔렀다.")

왕권의 세습(온조왕 28년 "원자 다루를 세워 태자로 삼다.")

낙랑(樂浪)·마한(馬韓) 등 인접 정치체와 대외교섭(온조왕 4년 가을 팔월 "낙랑에 사신을 보내 수호하다.")

정치적 중심지로서 도성(都城)의 존재(온조왕 건국 시에 "하남위례성에 도읍하다.")

'우보(右輔)' 등 관직에서 보이는 관료 조직의 존재(온조왕 2년에 "왕이 족부 '을음'을 '우보'에 배하여 병마지사를 맡기다.")

축성(築城) 등 토목공사를 위한 공역(公役) 징발(온조왕 41년 2월 "'한수' 동북지역 여러 부락 사람 가운데 15세 이상자를 징발하여 위례성을 수리하다.")

'동명묘(東明廟)' 및 '대단(大壇)' 등으로 대표되는 지배집단의 이데올로기적 정통성 확보 수단의 존재(온조왕 원년 여름 5월 "동명묘를 세우다."; 온조왕 17년 여름 4월 "종묘를 세워 국모를 제사하다.")

여기 간추려본 사항들은 보편적으로 국가 단계에 이른 정치체와 관련된 특징들임은 물론이다. 그러나, 『삼국사기』의 이러한 기사 내용은 『삼국지(三國志)』 위서(魏書) 동이전(東夷傳) 등 중국측 사료에 기록된 그 무렵의 사정과는 많은 차이가 있을 뿐 아니라 현재까지 알려진 고고학 자료상으로도 확인하기 어렵다.

백제사를 이해함에 있어 백제의 국가 형성 시점은 중요하다. 그럼에도 불구하고 그간 학계의 일치된 견해가 정립되지 못한 데에는 이러한 서로 다른 여러 사료들을 합리적으로 종합 해석하는 일이 용이하지 않았기 때문이다. 특히, 문헌사료만을 근거로 하면 서로 다른 견해가 평행선을 달리기 십상이므로 이 문제 해결을 위해서는 문헌사료와 고고학 자료의 종합 이해가 필수적이다.

백제 국가 성립 시점을 논의함에 있어 선결되어야 할 중요한 방법론적 전제 가운데 하나는 '국가(國家)'의 개념이다. 다시 말하면, 무엇을 국가로 볼 수 있으며, 그 타당한 기준은 어떻게 설정할 수 있는가 하는 점이다. 여러 가지 정치체(政治體)들이 나타내는 요소 및 특징들 가운데 국가 단계 정치체와 관련된 핵심적 요소를 가리는 일은 결코 간단치 않으며, 학자마다 다른 입장이 있을 수 있으나, 그럼에도 불구하고 그 기준이 설정되지 않으면 결코 백제의 국가 성립 시점을 규정할 수 없다.

국가에 대한 개념 정의는 매우 다양하지만, 대체로 집단적 의사 결정에 관련하는 권력이나 권위의 원천이 친족 체계보다 우위의 것에 기반을 두고 있는 일련의 기구복합체(complex of institutions)라 할 수 있다. 그러한 국가 정치체가 가지는 기본적 성격으로는 기본 자원 (basic resources)에 대한 차별화되고 위계적인 접근, 공공집행에 대한 구성원들의 복종, 그리고 영역에 대한 방어 등을 들 수 있다 (Morton H. Fried 1967). 또한 국가는 집단 내적·외적으로 자신을 유지하는 수단으로서 군대의 유지, 그리고 그 구성원들에 대한 정체성 주입과 같은 물리적, 관념적 수단을 구사한다. 이와 관련해 엥겔스는 국가 단계 사회의 가장 특징적인 지표를 조세(租稅), 군대(軍隊), 관리 (官吏) 등 지배권력을 유지·구현하는 여러 수단의 구비(具備)라 하기도 한다.

그러나 이러한 요소들이 특정 정치체가 국가 단계 사회에 진입함과 동시에 한꺼번에 모두 나타나는 것은 아니다. 경우에 따라서 특정 요소는 앞선 단계의 사회에 뿌리를 두고 지속적으로 발전되어 온 것도 있을 수 있다. 그러므로 국가에 대한 개념 정의에 집착하기보다는 그러한 요소들이 어떻게 발달되어 왔는가에 더 많은 관심을 기울일 필요도 있다. 군집(Band) 사회로부터 국가(State)에 이르는 일련의 진화단계 설정을 골간으로 하는 신진화론이 국가 형성 과정에 대한 접근법으로서 의미를 가지는 것도 바로 이점에 있을 것이다.

그런데, 구체적인 사회 진화 정도와 양상은 사회마다 서로 달라 일률적 도식으로 파악하기는 어렵다. 백제 국가 형성을 고고학적으로 접근함에 있어서는 그와 같은 보편적 정치 사회 발전 단계에 맞추려는 시도

보다 '한국사(韓國史)'라는 구체적 역사 맥락에 대한 이해가 더욱 중요시 되어야 한다. 그러므로 한국사에서 이해되고 있는 정치체 발달 과정을 보편적이고 일반적인 국가 개념과 대비 검토해본 다음, 이 문제에 적용할 수 있는 적절한 국가 개념을 모색해 보는 것이 필요하다.

한국사에 있어 국가 형성 과정은 대체로 '성읍(城邑)국가→연맹왕국(聯盟王國)→집권적(集權的) 귀족(貴族)국가'로 전개되는 것으로 이해되고 있다(李基白 · 李基東 1982).

여기서 말하는 성읍국가는 성곽(城郭)을 정치적 중심으로 하는 사회로서 아직 제도화된 지배 기구는 없으며, 족장과 같은 정치적 수장의 전통적 권위에 의해 통솔되는 국가로 규정되고 있다. 이러한 성읍국가 단계의 설정에는 다음과 같은 문제를 지적할 수 있다. 우선, 개념의 문제로서 제도화된 지배 기구가 없으면서 수장의 전통적 권위에 의해 통솔되는 정치체는 보편적 국가 개념에 비추어 볼 때 국가 이전 단계에 해당되는 정치체의 특징이라는 점이다. 그리고, 실제적인 문제로서 그러한 정치 사회 구조와 연관될 수 있는 성곽이 고고학적으로 확인된 바가 없다는 점이다. 이에 대해서는 뒤에서 다시 언급할 것이지만, 원장(垣墻) 즉, 담장과 같은 구조물 형태의 성곽 출현은 중국에서도 국가 단계 정치체 출현과 밀접한 관련을 가지고 있음이 최근 고고학적으로 명백히 드러나고 있다. 성곽의 존재를 전제하고 있으면서 그 정치 사회적 구조를 국가 이전 단계의 사회로 설정하고 있는 성읍국가론은 성립되기 어렵다.

연맹왕국은 어느 정도 자치권을 유지하고 있는 복수의 정치체들 가운데서 선임된 연맹왕을 정점으로 하는 초기국가(Early state) 단계로 이해된다. 초기국가에 대한 개념 정의는 논자에 따라 차이가 있지만 국가 형성에 대한 광범위한 자료를 집성한 결과에 따르면, 정치적 지배를 담당하는 계층과 공납의 의무를 가진 피지배 계층 등 최소 2개 이상의 사회 계층으로 구분될 수 있는 계층화된 사회 관계 규제를 위한 중앙집권화 된 사회·정치적 조직으로 정의할 수 있다(한경구·임봉길 역, 1995). 한편, 쯔데히로시[都出比呂志]는 영역 내 토지와 인민에 대한 국가 권력의 공적 지배 또는 소유가 아직 완전하게 실현되지 않은 것으로서 중앙집권적인 관료제가 완비되기 전의 단계로 정의하면서 일본의 경우 이른바 전방후원분(前方後圓墳) 체제의 국가 단계를 지칭하는 개념으로 쓰고 있다(都出比呂志, 1989). 이 단계의 중요한 특징으로는 정치체 내 대외 교섭 창구의 일원적 중앙집중화, 엘리트 계층의 공간적 집중화 등이라 할 수 있다.

　최근에는 이 단계를 더욱 세분하여 '소국(小國)연맹 단계-부체제(部體制) 단계'(盧重國, 1988) 또는 '국읍(國邑)연맹 단계-부체제(部體制) 단계'(李道學, 1991) 등으로 이해하는 견해도 있다. 부체제 성립은 연맹력의 결속력과 더불어 연맹 맹주의 지위가 더욱 증대된 것을 반영하며, 이후 지방 유력자의 중앙귀족화와 대외 교섭권의 중앙에의 귀속 등 집권력이 한 단계 강화된 것으로 이해된다. 부체제 단계는 한국의 국가 형성 전개 과정에서 보이는 하나의 특수성일 수도 있으나 그 내용에 있어서는 국가(state)단계 정치체가 보이는 보편적 양상과 크게 다르지 않는 것으로 여겨진다.

이러한 점으로 보아 한국사의 전개상으로는 연맹왕국 단계 또는 구체적으로 부체제 단계의 정치체를 '국가' 단계 사회로 볼 수 있겠다. 이 단계를 특징짓는 정치엘리트 집단의 중앙 집중 현상이나 대외 교섭권의 일원화와 같은 정치 사회적 현상은 고고학 자료상으로도 비교적 분명하게 인지될 수 있어 방법론상의 장점도 있다.

연맹왕국 수준의 정치체의 등장을 반영하는 고고학 자료로는 특정 토기 양식의 형성 및 분포의 통일성, 대형 분묘의 등장, 그리고 성곽의 출현 등 3가지를 들 수 있다(朴淳發, 1998).

첫째, 특정 토기 양식의 형성 및 분포의 통일성이다. 원론적으로 볼 때 물질 문화상에 나타나는 양식(樣式)의 형성이나 공간적 분포 양상이 곧바로 국가 단계 정치체의 성립을 의미하는 것은 아니다. 그러나 일반적 관점에서 말할 때 일정한 지역 범위 내에서의 특정 양식으로의 통일 및 서로 다른 지역 간의 물질 문화 양식의 대립(對立) 현상은 집단 사이의 경쟁이 심할수록 또한 집단 내 사회적 긴장이 강할수록 그 정도가 증가되는 경향이 있다. 한편, 고구려, 신라, 가야 등의 예에서도 잘 나타나듯 한국의 삼국시대 경우 고유 토기 양식 분포와 정치적 영역이 거의 일치하는 양상을 관찰할 수 있다. 이러한 점으로 미루어 특정 양식 토기의 형성 및 그러한 양식의 공간적 지배는 국가 단계 정치체의 형성과 밀접한 관련이 있을 것으로 보아도 좋을 것이다.

둘째, 대형 봉분(封墳)를 가진 분묘의 출현이다. 일반적으로 특정 분묘의 봉토 규모나 부장품 등은 피장자의 사회적 인성(social personality), 즉 성(性), 연령, 사회적 신분 등을 상징적으로 나타내고 있는 것으로 볼 수 있다. 그러므로 특정 시기에 만들어진 여러 분묘 사이에 보이는 규모나 부장품 등 분묘 축조에 소요된 노동 대가(labor cost)의 차이는 결국 사회 구성원 사이의 사회적 인성의 차이 또는 기본 자원에의 차별적 접근의 결과로서의 계층 분화의 정도를 반영한다고 할 수 있다. 따라서 특정 시점에 이르러 대형 분묘가 등장하는 현상은 대형분 피장자를 정점(頂點)으로 하는 사회 내의 분화 정도가 이전보다 더욱 현저함을 보여주는 지표가 될 수 있다. 대형분과 일반 구성원의 무덤 사이에 노동 비용 차이가 크면 클수록 대형분의 주인공을 정점으로 하는 피라밋 구조 사회 조직의 저변이 그만큼 커지고 계층 분화가 심화되었음을 나타낸다고도 볼 수 있다.

그러나 국가 단계의 정치체 성립을 직접 말해주는 대형분의 절대 규모를 계량적으로 특정하기는 어렵다. 다만 신라·가야 지역의 예로 보아 현재도 봉분을 쉽게 알 수 있는 정도의 고총(高塚) 분묘의 출현은 국가 단계 정치체의 등장을 시사하는 것으로 이해될 수 있다. 그러한 최상위급 대형분이 특정 지역에 밀집 분포하여 하나의 묘역(墓域)을 형성하고 있는 현상은 해당 정치체 내에서 이들 피장자들이 계속해서 우위를 점하였음을 말해주는 것이라 할 수 있다. 즉, 이러한 묘역의 형성은 묘역 점유 집단의 독점적 지위의 반영이자 그 곳이 곧 정치엘리트가 집중하였던 특정 정치체의 중심지임을 말해주는 증거로 삼을 수 있겠다.

셋째, 성곽의 출현인데, 앞서 이미 말한 것처럼 중국의 경우 성곽 출현은 곧 원초국가(prestine state) 등장의 고고학적 근거로 이해하고 있기도 하다(杜正勝, 1992). 두정승(杜正勝)은 중국 고대 국가의 기원과 관련하여 그 구체적 근거 가운데 하나로『예기(禮記)』예운(禮運)편에 나타나는 국가의 요소로서 성읍(城邑)을 들고 있다. 갑골문(甲骨文)에 보이는 '성(城)'자의 모습은 주거 지역 주위를 하나 또는 이중의 성으로 두르고 성벽 위에 망루를 세워 멀리 관망할 수 있는 시설을 갖춘 구조물을 의미하는 것으로 이해되고 있다. 대외적인 방어와 대내적인 감찰을 가능하게 하는 성벽과 망루를 갖춘 성의 존재는 해당 사회의 정치 사회적 발전 수준이 국가 단계와 밀접한 관련을 가진 것으로 볼 수 있다는 것이다.

중국에서 지금까지 고고학적으로 확인된 성곽의 예들을 보면, 용산 문화(龍山文化) 만기에 해당되는 왕성강(王城崗 : 방사성탄소 보정연대 기원전 2465, 2455년), 용산 문화 중기 평량대(平糧臺 : 방사성탄소 보정연대 기원전 2460, 2280년), 조기 상(商)의 정주상성(鄭州商城 : 방사성탄소 보정연대 기원전 1620, 1595년) 등이다. 이들 황하(黃河) 유역의 성읍은 막대한 노동력이 소요되는 판축(版築) 성벽들인데, 그 축조를 위해서는 잉여 양식이나 인력 통제 등 복잡한 행정 수요가 수반되어야 한다. 왕성강 등 기원전 2천년 이전의 용산 문화기의 성곽은 성방(城邦) 국가로서 중국 역사상으로는 이른바 오제(五帝)시기에 해당되는 것이며, 정주 상성 등은 역사상 상(商) 나라의 전기~중기에 해당된다.

고고학 이론상으로 성곽이 반드시 국가와 동일시 될 수는 없으나 중국 황하문명권에 있어서는 이처럼 성곽과 국가의 등장은 불가분의 관계에 있는 것은 분명하다. 그러한 양상은 중원문화의 간접 영향권에 속하는 한반도 지역에서도 확인할 수 있는데, 고구려, 백제, 신라의 국가 성립에 따른 국내성(國內城), 몽촌토성(夢村土城), 풍납토성(風納土城), 월성(月城) 등의 등장이 그것이다. 그런데, 한반도 남부의 가야 지역이나 일본 열도에서는 이러한 현상이 관찰되지 않아 흥미로운데, 이는 아마 국가 형성에 수반되어 나타나는 노동 조직 및 그 투입 대상이 서로 달랐던 데에서 비롯된 것으로 이해할 수 있다.

이상의 관점에서 볼 때, 한강유역에서 백제의 국가 형성 시점은 필자의 이른바 '한성양식(夢村類型)' 토기의 형성, 정치엘리트 집단의 집중 현상을 반영하는 석촌동·가락동 고분군에서의 대형분 출현, 그리고 몽촌토성 및 풍납토성 등의 성곽과 같은 고고학 자료의 등장시기로서 알 수 있다. 이들 3가지 고고학적 지표의 등장은 시기적으로도 거의 일치하고 있어 흥미로운데, 그 시점은 기원후 3세기 중엽~후반에 걸치고 있다. 이는 또한 문헌사료상으로 연맹왕국의 성립시기로 이해되고 있는 시점과도 다르지 않다(朴淳發, 1998).

2) 백제토기의 형성 과정

'한성양식' 토기는 백제 국가의 형성 시점에 등장하는 특징적인 일련의 토기를 지칭한다. 이러한 백제토기는 처음 '흑색마연' 기법으로 만들어지고 있는데, 고배(高杯), 직구단경호(直口短頸壺), 직구광견호(直口廣肩壺), 삼족기(三足器) 등이 그 대표적인 기종으로서(그림 7 참조) 한강유역의 앞선 시기 원삼국시대 토기들과는 전혀 다른 모습이다(朴淳發1992).

그런데, 백제토기의 최초 단계에 '흑색마연토기' 가 나타나고 있어 흥미로운데, 백제토기의 성립 과정에 대한 이해를 위해서는 이 토기의 출현 배경에 대한 파악이 필요하다. 여기서 흑색마연토기와 관련해 그 기술적 요소, 기종 구성 및 기형, 그리고 기타 장식적 요소 등 여러 측면에 걸쳐 그 출현 배경을 살펴보기로 하자.

먼저, 흑색마연이라는 토기 제작 기법의 시간적 공간적 분포를 통하여 백제토기의 형성 배경을 탐색해 본다. 종래 흑색마연기법을 고구려토기 특유의 제작 기법으로 인식하고 백제토기에서의 이 기법의 존재를 곧 백제 건국 세력이 고구려계임을 증거하는 것으로 이해하는 견해가 지배적이었다(金元龍, 1986). 고구려토기 가운데 흑색마연기법이 포함되어 있는 것은 사실이나, 고구려토기가 전부 흑색마연기법으로 제작된 것은 아닐 뿐 아니라 기종 구성이나 기형에 있어서는 백제토기와 전혀 다르기 때문에(朴淳發, 1999a) 흑색마연기법이라는 기술적 측면에서의 부분적 유사점을 근거로 백제토기의 근원이 고구려토기에 있다는 주장은 받아들이기 어렵다. 흑색마연기법만을 문제로 삼는다면 고구려토기 등장 이전인 초기철기시대에도 있었으며, 그 이후 낙랑토기의 일

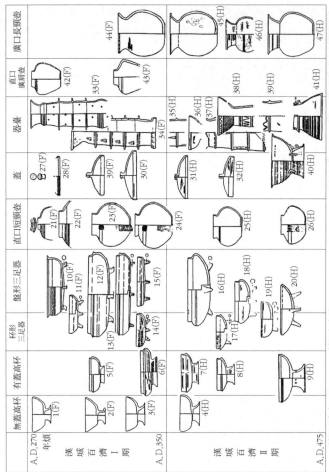

그림 7. 한성양식 백제토기 주요 기종

1 : 石村洞 2號墳 下　2 · 3 : 石村洞古墳群　4~20 · 22 · 27~41 · 44~46
23~26 · 47 : 石村洞 3號 土壙木棺墓　42 : 可樂洞 2號墳
21 : 石村洞 3號土壙木棺墓 東쪽 大形土壙木棺墓　夢村土城

부 및 한강유역 원삼국기 흑회색무문양토기에도 부분적으로 확인되므로 유독 고구려토기만을 주목할 근거는 없다(朴淳發, 1992).

 그래서 필자는 백제토기 초입에 등장하는 흑색마연토기의 연원을 칠기(漆器)에서 찾는 것이 좋을 것으로 생각하고 있다. 즉, 칠기의 재질감을 토기에 옮겨 적용한 결과로 보는 것이다. 백제 흑색마연토기가 등장할 무렵과 동시기인 영남지역 원삼국시대 후기의 분묘 유적들에서 토기의 표면에 칠을 입힌 예들이 다수 확인될 뿐 아니라 천안 용원리 고분 등에서는 흑색마연토기의 표면에 실제로 옻칠이 된 백제토기의 예(원색사진 1 참조)도 확인된 바 있어 그러한 추정을 뒷받침해 주고 있다.

 흑색마연토기가 칠기의 재질감을 모방한 것으로 보는 것은 칠기가 토기에 비해 고급품이기 때문이기도 하다. 따라서 흑색마연기법으로 제작된 백제토기는 당시 고급 그릇의 소재로서의 칠기의 질감을 토기에 옮겨 적용한 격이 높은 토기라 할 수 있다. 흑색마연토기가 출토된 유적이 몽촌토성이나 가락동 고분군의 목관봉토분 등 당시의 도성이거나 중앙의 중심 고분군이라는 점, 그리고 천안 용원리와 같은 유력 지방세력의 고분이라는 사실은 이 토기의 위상을 짐작하기에 충분할 것이다.

 이처럼 고급 그릇문화로서의 흑색마연토기가 백제토기의 초현기에 등장하고 이것이 점차 확산되어 하나의 특정 토기 양식으로 정착한 것은 처음 이 토기가 당시 백제 국가 형성을 주도하였던 정치엘리트 계층에 의해 전유된 일종의 신분을 상징하는 위신재(威身財)였기 때문이 아닌가 한다.

다음은 기종 구성 및 기형에 대한 것이다. 백제토기의 흑색마연토기는 고배, 직구단경호, 직구광견호, 합, 호, 삼족기 등이 있다. 이 가운데 특히 주목되는 것은 직구단경호, 직구광견호 등 직구호류와 삼족기이다. 이들은 백제토기의 핵심적 기종으로서 이후 그 분포권이 곧 백제의 영역으로 보아도 좋을 정도로 백제 고유성을 지니고 있기 때문이다. 따라서 이들 기종의 출현 배경을 면밀히 관찰하면 백제 국가 형성의 배경을 이해할 수도 있을 것이다.

직구단경호와 직구광견호는 모두 어깨 부분에 특징적인 문양대를 가지고 있으면서 기형적으로 유사하여 종종 같은 기종으로 간주되기도 하였다. 그러나 자세히 관찰해보면 차이점이 적지 않다. 전자는 저부의 형태가 둥근 원저(圓底) 또는 말각평저(抹角平底)인 데 비해 후자는 평저(平底)로 되어 있으며, 직구단경호의 동체 하부에는 반드시 특징적인 타날문이 있는데 비해 후자는 그렇지 않다. 이러한 기형적 차이 이외에도 직구광견호의 존속 시기가 직구단경호에 비해 상대적으로 짧아 비교적 이른 시기에만 보이는데 비해 직구단경호는 백제 전시기에 걸쳐 지속되고 있다. 이러한 여러 가지 차이점에 주안을 두어 필자는 이 두 기종을 구분하고 있다.

백제토기 직구호류에 대한 자세한 연구는 그간 거의 없었는데, 백제토기 형성 과정에서 이 기종이 차지하고 있는 비중이 제대로 평가되지 못하기도 하였거니와 한반도를 포함한 주변지역에서 유사한 예를 찾기 어려웠기 때문이기도 하다. 그러나, 필자가 관찰한 바에 의하면 대략 후한(後漢) 중후반기~위진대(魏晉代)에 해당하는 2세기 중엽경~3세기 말경에 걸쳐 하북(河北) 북부지역으로부터 요녕(遼寧) 지역에 이르는 중국 동북지역에서 이와 극히 유사한 토기들이 확인되고 있다(朴淳發, 1999b). 요녕(遼寧) 개현(盖縣) 동달영자(東達營子) 1호 후한 전실묘(塼室墓), 요녕 객좌현(客左縣) 노야묘(老爺廟) 석실묘, 요녕 요양시(遼陽市) 동문리(東門里) 석실묘, 북경(北京) 평곡현(平谷縣) 서백점(西栢店) 106호 전실묘, 하북 천안현(遷安縣) 우가촌(于家村) 1호 전실묘 등의 출토품이 그것이다(그림 8 참조). 보고자의 견해에 의하면 이들 사이에는 얼마간의 시기적 차이가 있는데, 개현 동달영자와 요양시 동문리의 직구호들은 대략 동한 중기 무렵인 2세기 중엽~후반경, 하북 천안 우가촌은 2세기 말경, 요녕 객좌 노야묘는 동한말~위진의 과도기인 2세기 전엽경, 북경 평곡 서백점은 서진~북조 과도기인 4세기 초엽경으로 각각 비정되고 있다.

이들 직구호는 모두 견부에 문양대가 있으며, 동체 하단부에는 타날문이 있어 한강유역의 한성양식 직구단경호의 세부적인 특징과 동일하다. 그런데, 자세히 관찰하면 후한대 직구호에는 어깨에 현문(玄門), 즉 두줄의 평행선문만이 있을 뿐 그 내부에는 문양이 없는 것이 많은 반면 이후의 위진대 것에서는 현문 내부에 파상선문이나 격자문 등 문양이 표현되어 있어 한강유역 직구단경호와의 형태적 유사성이 더욱 뚜렷해

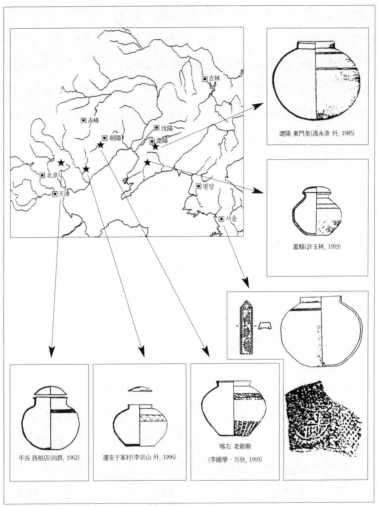

그림 8. 중국 동북지역 후한~서진대 직구단경호

지고 있음을 알 수 있다.

　현재까지 알려진 요녕 일대 직구호류는 모두 부장 토기들인데, 이들은 여타 다수의 기종들과 함께 출토되고 있다. 그러나, 직구호류 이외 나머지 기종들은 백제토기에 보이지 않으며, 직구호의 제작 기법 역시 백제와 같은 흑색마연이 아니라 회도(灰陶)여서 백제 지역의 직구호의 등장이 적어도 중국 동북지역으로부터의 직접적인 주민의 이동과 관련된 것으로는 볼 수 없다. 그리고 직구호가 부장된 요녕 지역의 묘제가 전실묘나 석실묘인데 비해 백제 국가 형성기의 한강유역에서는 그러한 묘제가 보이지 않는 점도 주민의 이동을 그 배경으로 볼 수 없음을 말해준다. 그렇지만, 한강유역 백제지역에서도 이 토기가 부장품으로 중요하게 취급되고 있었던 점에서는 요녕 지역과 다르지 않다. 석촌동 고분군에서 확인된 비교적 이른 시기 무덤에서는 이 토기가 예외 없이 부장되어 있다(그림 9 참조).

　그렇다면 국가 형성기 한강유역과 후한~위진대의 요녕 지역에서 함께 나타나고 있는 직구호가 의미하는 것은 무엇일까? 필자는 대외 교섭을 통한 한강유역 집단의 선별적 문화 수용의 결과로 이해될 수 있을 것으로 본다. 이와 관련해 주목되는 점은 중국 동북지역의 직구단경호 유사 토기들의 분포권이 대략 후한대 지방정권인 공손씨(公孫氏) 정권(190~238년)의 영향권 또는 위진대의 동이교위부(東夷校尉府) 관할 영역과 일치하고 있다는 점이다. 백제 국가 성립기의 대외 교섭은 『진서(晉書)』 동이전 마한(馬韓)조 등에서 찾아 볼 수 있는데, 그에 따르면 기

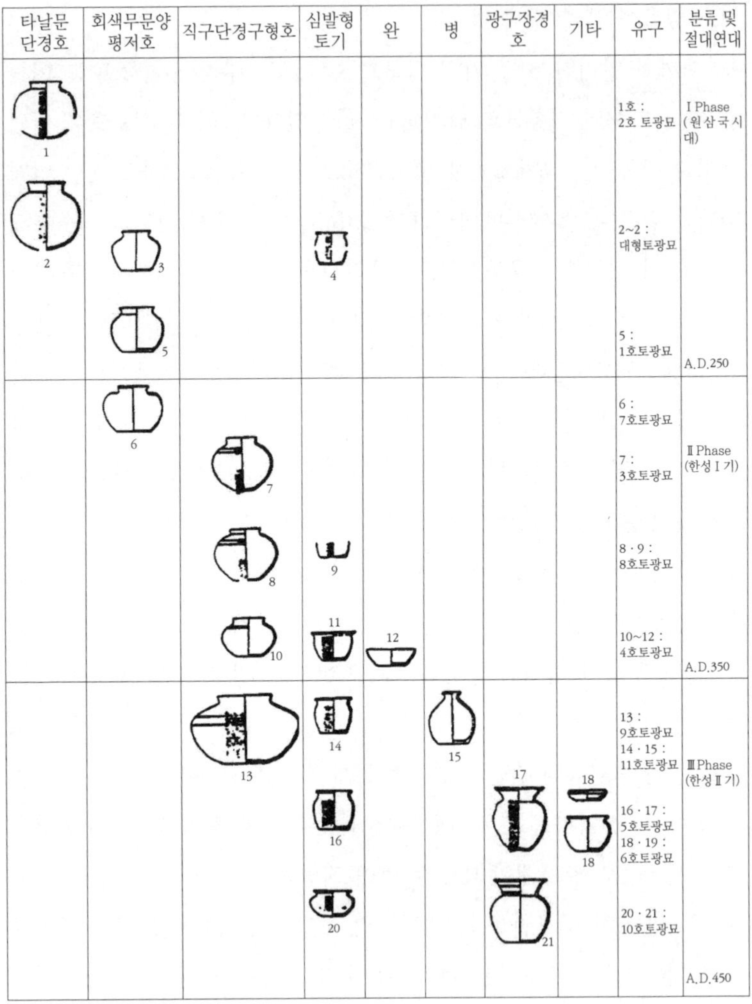

타날문 단경호	회색무문양 평저호	직구단경구형호	심발형 토기	완	병	광구장경 호	기타	유구	분류 및 절대연대
1 2	3 5		4					1호 : 2호 토광묘 2~2 : 대형토광묘 5 : 1호토광묘	I Phase (원삼국시 대) A.D.250
	6	7 8 10	9 11	12				6 : 7호토광묘 7 : 3호토광묘 8·9 : 8호토광묘 10~12 : 4호토광묘	II Phase (한성 I 기) A.D.350
		13	14 16 20		15	17 21	18 18	13 : 9호토광묘 14·15 : 11호토광묘 16·17 : 5호토광묘 18·19 : 6호토광묘 20·21 : 10호토광묘	III Phase (한성 II 기) A.D.450

그림 9. 석촌동 고분군 부장 토기의 변천

원후 277~290년 사이에 '마한(馬韓)'으로 표기된 정치체는 서진(西晉 : 265~316년)에 빈번하게 견사(遣使)와 조공(朝貢)을 하고 있다. 『진서』 무제기(武帝紀)의 '(288년) 동이7국이 교위부에 와 내부하였다' 라는 기사나 동이전 마한조의 '(290년)동이교위부에 와 하감(何龕)에게 상헌하였다' 라는 등의 기사로 보아 그 무렵의 마한의 대외 교섭 창구는 낙양(洛陽)의 서진 도성이 아니라 요양(遼陽)에 위치한 동이교위부였을 것으로 보인다(金壽泰, 1998). 그렇다면, '마한'은 바로 직구호 분포 지역과 교섭하고 있었던 것이다. 여기의 마한이 구체적으로 어떤 정치 세력인가에 대해서는 그간 서로 다른 견해가 있었으나 필자는 국가로 성장하고 있던 한강유역의 '백제'가 틀림없는 것으로 보고 있다.

『진서(晉書)』에는 제기(帝紀) 동이열전 마한조 장화전(張華傳) 등에 '마한'으로 표기된 세력과의 교섭 기사가 보이는데, 그 시기는 기록된 연대로 보아 기원후 276~291년에 걸친 서진대에 해당된다. 여기의 '마한'을 한강유역의 백제로 보는 견해들(李基東, 1987 ; 盧重國, 1990)이 먼저 제기되었으나 이후 표기된 그대로 마한으로 보아야 한다는 견해들(李道學, 1993 ; 俞元載, 1994)도 제시되고 있다. 그런데 현재까지 확인된 고고학 자료로 보는 한 전자의 견해들이 보다 유력한 것으로 생각된다. 위에서 본 흑색마연토기 직구호가 한강 하류유역에서만 나타나고 있는 점, 그리고 서진대의 전문도기(錢文陶器)나 과대금구(銙帶金具 : 朴淳發, 1997) 등 동시기 중국 문물이 한강유역에만 집중될 뿐 마한 잔여 세력의 근거지로 보고 있는 중서부 이남지역에서는 아직까지 확인되지 않는 점 등에서 그러하다. 최근 충남 홍성(洪城)의 신금성(神衿城) 백제 유적에서 전문토기편이 출토된 것을 주목하여 마한 지역도 중국과 직접 교섭하였을 가능성을 제기하고 있으나 신금성 전문도기는 전형적인 한성양식토기와 함께 출토되고 있어 이 역시 한강유역의 백제를 통해 들어온 것으로 보아야 할 것이다.

당시 한강유역의 백제는 『삼국사기』 백제본기에 따르면 고이왕(古爾王) 13년(기원후 246년) 무렵에는 낙랑 등 군현 세력이 약화된 틈을 타고 낙랑을 습격할 정도로 성장하고 있었다.

요녕 지역에서 이 토기는 전실묘나 석실묘 등 비교적 상위 계층의 무덤에 부장되고 있었으므로 그 위상이 결코 낮은 것이 아니었다. 백제토기에서 이 기종은 당시 정치엘리트 계층의 위신재적 성격을 가진 흑색마연기법으로 제작되었으며, 그들의 부장품으로 중시되었다. 백제토기 초현기에 등장하는 흑색마연토기 직구단경호 및 직구광견호는 백제 국가 형성기에 동이교위부를 매개로 활발하게 전개되었던 대서진 교섭과정에서 요녕 지역의 토기문화 일부가 백제 측 엘리트 계층의 위신재로 선별 수용된 것으로 이해된다.

다음은 삼족기에 대한 것인데, 이 역시 그 기원에 대한 연구는 아직 크게 진전되어 있지 않으나 최근 한강유역 백제토기에 대한 편년 연구가 진행되면서 백제토기 출현기에 등장하는 기종임을 알게 되었다. 필자는 삼족기의 기원이 서진대의 청동반(青銅盤)과 같은 금속기를 토기 형태로 번안 제작한 데에 있는 것으로 본 바(朴淳發, 1992) 있는데, 이른 단계 삼족기 가운데 청동반과 비슷한 대형 반형 삼족기가 많고, 그릇 벽에 청동반과 매우 흡사한 돌대 장식이 있다는 점이 단서가 된다. 당시 청동기는 토기에 비해 훨씬 높은 위상을 가진 것으로서 중국에서도 청동반 등이 토기로 제작되고 있는 경우가 있어 그러한 추정을 뒷받침하고 있다. 삼족기 역시 국가 형성기의 한강유역 정치체와 서진 사이에 있었던 대외 교섭 과정을 통해 엘리트 계층의 위신재로 수용되면서 등장한 것으로 이해된다.

외래 기원 위신재는 일반적으로 그 원산지가 멀면 멀수록 그리고 위신재에 접근할 수 있는 사람의 수가 적을수록 그 가치가 높아지는 것으로 알려져 있다. 이러한 까닭에 초기국가 성립기의 정치적 엘리트들은 외래물품이나 정보를 장악함으로써 그들을 일반인들과 차별화해줄 수 있게 하는 장거리 대외 교섭을 선호하는 경향이 있다. 국가 성립기 한강유역의 엘리트들의 성장 과정은 이러한 점과 잘 일치되고 있으며, 요녕 지역의 직구단경호나 삼족기가 한성양식 백제토기의 중요 기종으로 자리 잡은 까닭을 엿볼 수 있게 한다.

한편, 삼족기의 등장을 백제 건국 세력의 출자가 부여계(扶餘系)임을 말해주는 고고학적 근거로 보는 견해도 있는데, 중국 전한(前漢)대에 삼족기와 유사한 것이 있음에 근거하여 이것이 당시 한나라와 밀접한 교류를 유지하고 있던 부여(扶餘)에 파급되고 다시 4세기 중엽경 석촌동 고분군의 기단식적석총으로 대표되는 고구려계의 묘제와 함께 한강유역에 등장하였다는 것이다. 전한의 삼족기라는 것은 한의 중앙이 아니라 당시로서는 한반도보다 더욱 먼 변방에 해당하던 지금의 광동(廣東)지역에서만 확인될 뿐 아니라 그 존속 시기 역시 전한 전기인 기원전 2세기경에 국한되고 있어 백제 국가 형성기의 삼족기와는 약 5세기 이상의 시간적 괴리가 있어 설득력이 없다. 또한 부여의 영역인 지금의 길림(吉林) 일대에서 한성양식의 백제 삼족기와 유사한 예가 확인된 바도 없다.

지금까지 한성백제양식토기 초현기의 특징적 제작 기법인 흑색마연기법과 그 핵심적 기종들인 직구단경호, 직구광견호, 삼족기 등의 출현 배경을 살펴보았다. 그 결과 종래 구체적인 검토 없이 제시된 흑색마연토기 고구려토기 관련설은 더 이상 받아들여질 수 없음을 알게 되었다. 그리고 최근 중국의 요녕 지방을 중심으로 유례가 확인되고 있는 직구호류 등은 백제 국가 형성기의 한강유역 정치체가 당시 중국 동북지역에 있던 동이교위부를 매개로 서진과 교섭하는 과정에서 새로운 국가 단계 정치체의 지배엘리트의 위신재로 수용된 후 한성양식 백제토기의 주요 기종으로 정착되었음을 알게 되었다.

백제의 부엌과 취사용기

1. 시루와 부뚜막

1) 시루

시루[甑]는 바닥에 증기(蒸氣)가 통과할 수 있는 구멍이 뚫려 있는 동이[盆] 모양의 그릇이라 할 수 있다. 동아시아에서 시루가 가장 먼저 등장한 곳은 중국인데, 다양한 옛 문물에 대한 형상과 설명을 담고 있는 『고공기(考工記)』에는 '시루에는 7개의 구멍[七穿]이 있다'고 설명하고 있다. 물론, 모든 시루가 7개의 구멍이 있는 것은 아니나 솥과 시루가 복합된 형태로서 채반과 같은 구멍 뚫린 판자를 가운데 끼워 시루와 거의 같은 기능을 할 수 있는 그릇인 헌(甗)에 대해 『설문해자(說文解字)』에는 '구멍이 하나 있는 시루[甑也, 一穿]'이라 풀이하고 있어 대체로 다수의 증기공이 있는 것을 헌과 구별하여 시루라 하였음(孫機, 1991)을 알 수 있다.

중국의 경우 대체로 전국시대에 이르면 평민들 사이에도 솥[釜]과 시

루가 흔히 사용되었으며, 이어서 한대(漢代) 이후가 되면 시루[甑]는 종
래 그 역할을 함께하던 헌(甗)을 제치고 밥을 짓는[蒸飯] 조리기로서 확
고한 자리를 잡게 된다. 솥 역할을 하던 력(鬲) : 속이 빈 3개의 다리와
몸체로 되어 있어 어디서든 쉽게 세워 놓고 음식물을 끓일 수 있는 이
동식 솥의 일종)에 시루의 기능도 함께 할 수 있는 헌(甗)을 제치고 시
루가 점차 널리 보급된 배경에는 부뚜막과 같이 솥을 걸 수 있는 화덕
이 주거지 내에 고정 설치되는 등의 요인이 작용하였을 것으로 이해되
고 있다(孫機, 1991 : 332).

　이러한 관점에서 보면 시루는 솥의 등장 및 보편화와 밀접한 관련이
있다. 솥은 력(鬲)에서 변화 발전된 것으로 볼 수 있는데, 솥은 중원(中
原)지역에서는 위하(渭河) 유역의 묘저구 문화(廟底溝文化 : 기원전
4000년을 전후한 황하 중류유역의 신석기문화)에서 보이고, 장강(長江)
유역에서도 신석기시대에 등장 하는 것으로 알려져 있다(孫機, 1991 :
333~335).

　중국 신석기시대의 시루는 지역에 따라 다소 차이가 있지만, 황하 중
류유역에서는 앙소 문화(仰韶文化) 반파유형(半坡類型 : 대략
5000~4000 BC에 해당)에 속하는 반파(半坡 : 陝西省 西安에 위치) 유적
과 그에 이어지는 묘저구 유형의 묘저구(廟底溝 : 河南省 陝縣에 위치)
유적 등에서 확인된 바 있으며, 황하 상류유역은 앙소 문화 마가요 유
형(馬家窯類型 : BC 3000년 전후)에, 그리고 장강 중하류유역에서는 신
석기문화 중기에 해당되는 마가빈 문화(馬家濱文化) 숭택(崧澤) 유형

(4000~3000 BC) 및 그와 거의 동시기에 해당되는 북음양영 문화(北陰陽營文化)의 설가강(薛家岡) 유형 등에서 나타나고 있다(飯島武次, 1991). 이들은 모두 신석기시대 중기에 해당된다는 점이 눈에 띈다. 중국의 경우 신석기시대 전기에는 분식(粉食)이었다가 신석기시대 중기에 들어오면서 입식(粒食) 즉, 낱알을 먹는 것으로 전환되었을 것이라는 견해는(飯島武次, 1991) 이와 관련하여 주목된다. 시루의 등장 및 보급은 곡물 소비에 있어 분식에서 입식으로의 전환과 궤를 같이 하는 것이며, 그 배경에는 아무래도 곡물 생산량의 증대라는 농업의 발전이 뒷받침되었을 것으로 이해된다.

전한(前漢) 무렵 만들어진 『예기(禮記)』 왕제(王制)편에는 그러한 식습관의 차이를 사방의 종족별로 열거하고 있는 구절이 있어 흥미롭다.

'동방의 이(夷)족은 … (중략) … 화식(火食)하지 않은 자가 있다. 남방만(蠻)족은 … (중략) … 화식하지 않는 이가 있다. 서방의 융(戎)족은 … (중략) … 입식(粒食)하지 않는 자가 있다. 북방의 적(狄)은 … (중략) … 입식하지 않는 자가 있다'는 내용이 그것이다.

물론, 이는 중화(中華) 중심의 세계관에서 나온 것이지만 여러 가지 문화적 차이 가운데 특히 식습관상의 차이를 강조하고 있는 점은 주목할 만하다. 사방 만이(蠻夷)의 중심에 있는 중국인들은 화식과 입식이라는 높은 수준의 식생활을 한다는 점을 바탕에 두고 있는 것이다. 이러한 내용이 어느 무렵의 상황을 반영하고 있는 지는 자세히 하기 어려우나 위에서 본 바와 같이 중국의 신석기시대 중기 무렵 이후에 시루가 중원지역 및 장강 유역 등에서 등장하고 있는 고고학적 사정과 일정한 연관을 보여주고 있다.

분식에서 입식으로의 전환 시점은 지역에 따라 달랐을 것인데, 한반도 인접 지역의 경우 중국 흑룡강성(黑龍江省)과 러시아 연해주에 걸쳐 있는 수분하(綏芬河) 유역의 이른바 단결문화(團結文化 : 기원전 5세기~기원후 1세기)를 비롯한 모단강(牡丹江) 유역 일대에서는 초기철기시대에 비로소 시루가 확인되고 있다(趙永軍, 1998).

한반도 지역에서 시루의 최초 등장 시기는 아직 분명하지 않으나 늦어도 기원전 1세기경에는 이미 보편화의 길에 들어섰음을 알 수 있다. 광주 신창동(新昌洞), 전남 해남(海南) 군곡리(郡谷里) 등의 유적에서 확인된 바 있는 이른바 구연부의 단면이 삼각형인 점토대토기 시루들로써 알 수 있다(그림 10 참조). 그보다 이른 시기의 것으로는 최근 경남 산청(山淸) 옥산리(玉山里) 26호 주거지 출토 청동기시대의 늦은 단계의 한 예(사진 5)가 알려져 있으며, 또한 청동기시대의 송국리유형(松菊里類型) 시기에 옹관(甕棺) 등으로 사용된 토기 가운데 바닥에 구멍이 하나 뚫려 있는 예를 시루로 볼 수 있다는 견해도 있다. 구멍이 하나

사진 5. 거창 옥산리 26호 주거지 출토 청동기시대 시루형토기

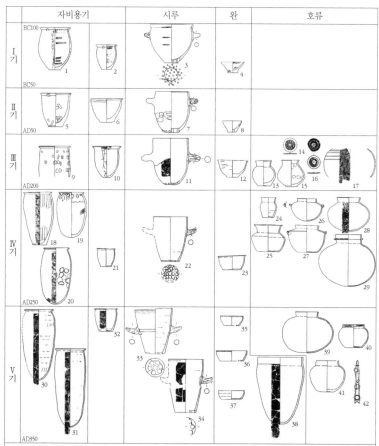

	자비용기	시루	완	호류
I기	BC100 ~ BC50 (1, 2)	(3)	(4)	
II기	AD50 (5, 6)	(7)	(8)	
III기	AD200 (9, 10)	(11)	(12)	(13, 14, 15, 16, 17)
IV기	AD250 (18, 19, 20, 21)	(22)	(23)	(24, 25, 26, 27, 28, 29)
V기	AD350 (30, 31, 32)	(33, 34)	(35, 36, 37)	(38, 39, 40, 41, 42)

1~4 : 光州 新昌洞(趙鍾鍾 外, 2003), 5・9 : 海南 郡谷里(崔盛洛, 1989), 6~8・17 : 海南 郡谷里(崔盛洛, 1988) 10~13 : 海南 郡谷里(崔盛洛, 1987), 14・15 : 靈光 수동 토광묘(조선대학교박물관, 2003), 16 : 金海 良洞里 162호 목곽묘(東儀大學校博物館, 2000), 18~20 : 順天 월평 주거지(조선대학교박물관, 2002), 21 : 和順 龍江里 3호 토광묘, 23・26・28 : 和順 龍江里 1호 토광묘, 25 : 和順 龍江里 2호 토광묘(이상 林永珍, 徐賢珠, 1996), 24 : 光州 雙村洞 53호 주거지(林永珍, 徐賢珠, 1999), 22・30 : 咸平 昭明 20호 주거지, 27・29 : 咸平 昭明 75~3호 주거지, 31・38 : 咸平 昭明 32호 주거지, 36 : 咸平 昭明 32호 주거지, 37・38 : 咸平 昭明 43호 주거지, 40 : 咸平 昭明 83호 주거지(이상 林永珍 外, 2003), 41・42 : 靈岩 新燕里 9호분 4호 목곽묘(국립광주박물관, 1993)

그림 10. 호남지역 원삼국시대 토기 편년

인 이른바 단공(單孔) 시루의 존재 가능성을 제기하는 그러한 주장은 아직 구체적인 근거가 마련되어야 하겠으나 그 가능성을 배제하기 어려울 것으로 생각된다. 구멍 뚫린 토기가 등장하는 청동기시대의 그 무렵은 그 이전 시기에 비해 벼농사가 발달된 단계로서 상대적으로 곡물의 생산량이 증대되었을 것으로 볼 수 있는 한편, 이후 시기의 예에서 흔히 보는 것처럼 시루는 종종 유소아(幼少兒) 매장용 옹관으로 전용(轉用)된 경우가 있는 점 등에서도 이 무렵 옹관으로 사용된 구멍 뚫린 토기가 본래 시루와 같은 조리용이었을 가능성이 있다.

　백제가 국가로 성장하였던 한강유역이나 충청권의 중서부지역에서 시루가 등장하는 시기는 대체로 3세기 전반경으로 가늠되는데, 이는 전술한 광주 신창동 등의 기원전 1세기 무렵에 비해 늦은 점이 주목된다. 한강유역의 시루는 최근 경기도 일대에서 속속 드러나고 있는 낙랑(樂浪)계 토기의 영향과 밀접한 관련이 있는 것으로 보인다. 이처럼 시루의 등장 시기에 있어 한강유역이 그 이남 지역에 비해 몇 세기 늦은 배경에는 역시 농경의 차이 즉, 곡물 생산량의 차이 등이 있었을 것으로 여겨지나 그에 대해서는 장차 구체적으로 밝혀져야 할 점이 적지 않다.

　한강유역 및 중서부지역의 시루는 그 형태적인 변천으로 보아 대략 3단계 정도로 구분할 수 있다. 첫 번째 단계는 바닥이 편평하고 그릇 벽면에는 타날문이 없는 무문평저(無紋平底) 시루로서 경기도 파주(坡州) 주월리(舟月里), 화성(華城) 발안리(發安里) 등의 원삼국시대 유석에서 확인된다(사진 6). 둘째 단계는 시루의 바닥이 둥글고 표면에 승문계(繩

사진 6. 화성 발안리 유적 평저 시루 출토 상태

文系) 타날문이 있는 원저(圓底) 타날문(打捺文) 시루이다. 이 단계에 해
당되는 시루는 경기도 파주 주월리, 가평(加平) 마장리(馬場里), 용인(龍
仁) 구갈리(舊葛里), 몽촌토성(夢村土城) 등에서 출토된 바 있다(사진 7).
대체로 3세기 후반 이후부터 4세기 전반 사이에 해당되는 백제 한성(漢
城) Ⅰ기에 비정된다. 셋째 단계는 표면에 격자문(格子紋)이 타날되고
저부가 편평한 격자타날 평저 시루가 성행하는 시기로서 4세기 후반 이
후의 한성 Ⅱ기에 해당된다(원색사진 11). 이 시루는 전형적인 백제시
루로서 정착된 후 백제의 영역 확대와 더불어 확산된다(그림 4 참조).

사진 7. 용인 구갈리 유적 출토 원저 시루

2) 부뚜막의 등장

부뚜막이란 국어 사전(辭典)에 따라 그 뜻을 조금 달리하여 '부엌 아궁이 위에 솥을 걸어 놓은 곳' 즉, 솥걸이 구멍을 말하기도 하고 또한 '걸린 솥의 언저리의 평평한 자리'를 가리키기도 한다. 부뚜막은 그 위에 솥을 걸어 취사를 하는 주방의 시설이면서 한편으로는 아궁이를 통해 들어가는 불길이 온돌로 연결되어 방을 데우는 난방 시설의 일부가 된다. 백제에는 물론 그러한 부뚜막이 사용되었지만, 그 기원은 초기철기시대에까지 거슬러 올라간다.

초기철기시대는 기원전 300년~기원전 100년을 전후한 무렵까지의 시기로서 중국의 전국시대 연(燕)나라의 철기문화가 한반도의 북서부 및 대동강유역 등에 수용되면서 시작된다. 그 무렵의 토기는 이른바 점토대토기(粘土帶土器)로 부르는 것으로서 구연부의 주변에 둥근 흙띠를 돌려놓은 특징적인 모양이다. 이러한 점토대토기로 대표되는 이 문화를 점토대토기문화라고도 한다.

점토대토기문화는 본래 기원전 800년경부터 지금의 중국 동북지역의 요녕성(遼寧省)이나 길림성(吉林省) 등지에 존속하던 문화였으나, 기원전 300년경에 있었던 고조선과 전국 연나라 사이에 벌어졌던 무력 충돌 결과 본래 고조선의 영역이었던 지역의 약 1천리 가량이 연의 영역으로 바뀌게 되었다. 이러한 일련의 정치, 사회적 변화 과정에서 다수의 토착 점토대토기문화가 한반도 지역으로 옮겨 오면서 비로소 점토대토기문화가 등장하게 되었다(朴淳發, 2003a).

중국 동북지역 점토대토기문화 사람들의 주거지 구조를 잘 보여주는 것이 요녕성 신민현(新民縣) 공주둔(公主屯)에서 확인된 바 있는데, 이 주거지에는 부뚜막의 원형(原型)으로 볼 수 있는 시설이 있었다. 수혈 집자리의 긴 벽 한쪽 면의 벽에 붙여 화덕를 설치하였는데, 화덕의 한쪽 부분이 트여 있어 아궁이와 같은 기능을 할 수 있도록 한 것이다. 점토대토기인들의 이주와 더불어 그러한 주거지 역시 한반도 지역으로 들어 왔을 것임은 충분히 짐작된다. 비록 현재까지 확인된 자료가 양호하지 않아 이 무렵 아궁이를 가진 화덕, 다시 말하면 부뚜막의 시원형이 실물로써 알려진 것은 없으나 요녕 지역에서 남하 이주해온 점토대토기인들의 초기 유적들에서는 종전의 한반도 토착 주거지의 화덕과는 다른 특징을 가진 것들이 속속 확인되고 있다. 종전 청동기시대의 수혈주거지는 바닥 중앙부에 화덕이 놓이고 있는데 비해 새로운 점토대토기인들의 주거지에는 한쪽 벽에 치우쳐 화덕이 자리 잡고 있다. 남아있는 상태가 좋지 않아 그러한 화덕의 한쪽이 아궁이 기능을 하도록 트여진 것인지는 알 수 없으나 적어도 벽에 부착되어 있는 점은 앞서 말한 요녕 지역의 점토대토기인들의 원시적 부뚜막의 그것과 동일하다. 주거지의 벽에 밀착되거나 가깝게 노지가 배치된 한반도 지역 점토대토기문화 유적으로는 충남 보령(保寧) 교성리(校城里), 경기 미금시 수석리(水石里), 경기 안성(安城) 반제리(盤堤里) 등이 알려져 있다.

그런데, 본격적인 부뚜막이 유적에서 확인되는 시기는 점토대토기문화보다는 다소 늦은 듯하다. 한강유역에서 현재까지 알려진 부뚜막이 달린 주거지는 점토대토기 다음 시기의 이른바 경질무문토기(硬質無文土器) 단계의 주거지들로 나타나고 있다(李炯周, 2001).

경질무문토기는 요녕 지역으로부터 남하 정착한 점토대토기문화에 이어 등장하는 토기문화인데, 이들 사이에는 점토대의 단면형이 삼각형인 이른바 구연부 단면삼각형점토대토기 단계가 있는 것으로 이해된다. 단면삼각형점토대토기는 그 계통상 앞서 본 점토대토기와 다르지 않은 것으로 여겨지나 이들은 수조 칠기 등 철기문화를 수반하고 있으며, 남한지역에 등장하는 계기는 대체로 준(準)왕조 고조선이 위만(衛

滿)에 의해 찬탈되고 금강(錦江)유역에 정착하였던 사건과 밀접한 관련을 가지고 있는 것으로 이해된다. 위만이 고조선을 차지하는 시기는 『사기(史記)』등 문헌 사료에 의하면 기원전 194년으로 알려져 있으므로 고고학적으로는 대략 기원전 200년경을 전후한 시점으로 보면 적당할 것이다(朴淳發, 1993).

이렇게 정착한 단면삼각형점토대토기는 머지않아 점토대가 없어지면서 구연이 밖으로 외반된 무문토기로 변화 발전되는데, 이것이 곧 경질무문토기의 기원이라 볼 수 있다. 바로 이 무렵에 해당되는 예로는 일찍이 1958년도 황해도 신천군 명사리(明沙里)에서 발견된 바 있다. 쇠뿔 모양의 손잡이가 달린 호형토기와 외반구연의 길쭉한 무문토기를 마주 댄 이른바 합구(合口)옹관이다. 보고자는 이 옹관을 고조선 시기의 것으로 비정하였는데, 필자는 기원전 2세기 무렵으로 보고 있다. 그리고, 단면삼각형점토대토기에 곧 바로 이어지는 모습을 보여주는 매우 귀중한 자료로 여겨 '명사리형토기(明沙里型土器)'로 부르고 있다. 명사리형토기는 기원전 108년 위만조선이 한(漢)에 의해 멸망되고 그곳에 낙랑(樂浪) 등 한사군(漢四郡)이 설치되는 것을 계기로 새로운 낙랑토기문화의 성립과 함께 소멸되었을 것으로 이해된다.

한강유역을 비롯한 충청, 전라 등 중서부 이남지역에 광범위하게 분포하는 경질무문토기는 단면삼각형점토대토기에 이은 명사리형토기가 낙랑토기에 의해 대체되기 이전 단계에 등장한 것으로 보아야 하나, 단조(鍛造) 철기 등 낙랑에 의해 새롭게 들어오는 철기문화를 수반하는 경우가 많아 낙랑군의 설치 직후인 기원전 100년경을 성립 시기로 비정하고 있다(朴淳發, 1998). 이후 경질무문토기는 기원후 200년을 전후한 시점까지 지속적으로 이어지므로 현재까지 알려진 경질무문토기 단계 주거지들을 특정 시점으로 나누는 작업이 그렇게 용이하지는 않으나, 필자는 경질무문토기 출현 시점부터 이미 부뚜막이 등장하였을 가능성이 높을 것으로 보고 있다.

그렇지만, 광주 신창동(新昌洞) 유적이나 경남 사천시 늑도(勒島) 등 남해안 지역에서는 이미 단면삼각형점토대토기 단계의 주거지에 부뚜막이 등장하고 있다. 이점은 앞서 보았듯이 시루 또한 한강유역 및 중서부지역에 비해 일찍 나타나고 있었던 점과 맥락을 같이 하는 것이기도 하다. 남부지역의 단면삼각형점토대토기의 시작 시기에 대해서는 아직 분명하지 않은 점이 있으나 대략 기원전 2세기 전반경으로 잠정할 수 있으며, 소멸 시점은 낙랑 등 군현의 문물이 본격적으로 영향을 미치는 기원전 1세기 후반보다 얼마간 앞선 기원전 1세기 전반경으로 볼 수 있다.

부뚜막은 자비용기(煮沸用器) 즉, 음식을 끓이는 데에 쓰이는 그릇을 화덕의 바닥으로부터 띄워 놓음으로써 종전의 화덕에 비해 그릇에 가해지는 열효율이 훨씬 높다. 이러한 장점은 자비용기의 물을 끓여 그 수증기를 이용하여 음식을 익히는 시루의 기능적 특성과 잘 부합된다. 자비용기의 바닥이 화덕에 닿을 수밖에 없어 기벽을 통한 측면 가열에 의존하여야 하는 화덕 취사에 비해 전면(全面) 가열이 가능한 부뚜막은 비교적 단시간 내 다량의 증기를 발생할 수 있기 때문이다. 따라서 부뚜막의 등장은 시루의 보편화를 위한 필수 시설이라 할 수 있다. 다시 말하면, 시루의 보편적 활용은 부뚜막이라는 입체적 가열 시설과 불가분의 관계가 있다(원색사진 13).

그러나, 한강유역 및 중서부지역에서는 앞서 보았듯 시루는 기원후 3세기 전반경에 나타나고 있어 부뚜막의 등장보다 늦다. 부뚜막이 주거지 내부의 취사시설로서 받아들여진 이후에도 상당 기간 음식 조리 방식은 종전과 다르지 않았던 것이다. 조리 방식의 변화 특히, 주식의 조리 방식 변화는 곡물 생산의 증대 등의 사회 경제적 요소와 더욱 밀접

사진 8. 부뚜막과 고래가 있는 홍천 율문리 1호 주거지 모습

한 관련이 있었기 때문일 것이다. 이런 점에서 한강유역 및 중서부지역에서의 부뚜막의 보급은 시루와 같은 새로운 조리 방식의 도입과 관련되기보다는 배연구(排煙溝)가 주거지 내에 설치됨으로써 일종의 원시적 온돌(溫突) 고래와 같은 역할을 할 수 있는 사실이 주목될 만하다(사진 8).

부뚜막은 아궁이에서부터 자비용기 즉, 솥을 거는 구멍까지의 부분[燃燒室]과, 솥에 닿은 불길이 연기와 함께 외부로 빠져 나가는 부분[煙道]로 나눌 수 있는데, 이러한 연소실과 연도의 배치 방향에 따라 크게 2가지로 구분할 수 있다. 연소실과 연도가 일렬로 배치된 것과, 직교하도록 배치된 것이 그것이다. 일렬 배치형은 연소실 바로 뒤에 짧은 연도가 곧 바로 주거지 외부의 배연구로 이어지는 것이고, 직교 배치형은 연소실과 직교한 연도부가 주거지의 벽을 따라 길게 이어지다가 주거지 외부의 배연구로 연결된다. 한강유역의 경우 비교적 이른 시기의 주거지에는 일렬 배치형이 등장하다가 기원후 3세기 이전까지 직교 배치형이 성행한다. 그 이후 다시 연도가 짧은 일렬 배치형이 많아지는 양상이다. 이러한 변화의 배경은 잘 알려져 있지 않으나, 연도의 길이가 길수록 실내 난방에는 유리하므로 기후 변화와의 관련성이 생각될 수 있을 것이다. 연도가 긴 직교 배치형이 유행하던 때에는 상대적으로 추운 기후가 지속되었을 가능성이 있다는 것이다.

3) 아궁이틀의 등장과 그 의미

부뚜막의 등장 이후 아궁이의 이마 부분에 부착하는 '⊓' 모양의 장식(그림 11 참조)이 백제 지역에서 확인되고 있다. 최근까지 알려진 예는 27개 유적 45점 이상에 달하는데, 구체적인 출토지는 다음과 같다.

풍납토성 가-5호 주거지, 가-9호 주거지 등 13점, 몽촌토성(철제), 파주 주월리 96-7호 주거지, 용인 죽전동 2호 주거지, 평택 현화리 유적, 부여 군수리 지점(철제), 충주 탑평리(사진 9), 아산 갈매리, 진천 송두리, 청주 신봉동, 진천 산수리·삼용리 가마터, 남원 세전리, 완주 배매산성, 광주 신창동, 광주 송산동, 광주 동림동, 해남 방산리 전방후원분

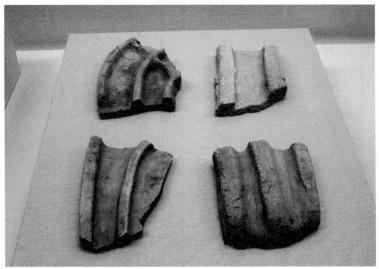

사진 9. 충주 탑평리 유적 출토 조액판식

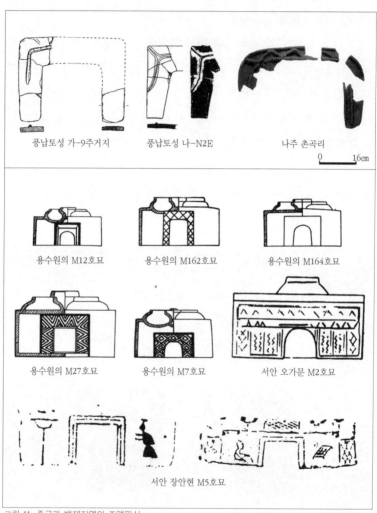

풍납토성 가-9주거지   풍납토성 나-N2E   나주 촌곡리

0   16cm

용수원의 M12호묘   용수원의 M162호묘   용수원의 M164호묘

용수원의 M27호묘   용수원의 M7호묘   서안 오가문 M2호묘

서안 장안현 M5호묘

그림 11. 중국과 백제지역의 조액판식

성토층, 단양 성산리, 나주 당가 가마터, 광주 월전동, 월계동 1호 전방후원분 주구, 영광 학정리, 광주 월전동 3호 건물지 주변 등 6점, 화순 운월리, 나주 석전리 가마, 나주 신촌리 9호분 성토층, 무안 양장리 2점 등이다.

 일본 열도의 고분시대 중기 이후에도 이와 유사한 예들이 있어 한일 양국 연구자들의 관심이 높다. 이 유물에 대해서는 '아궁이틀'(徐賢珠, 2003), '아궁이 장식'(權度希 · 宋滿榮, 2003), '부뚜막 장식'(權五榮, 2004) 등 다양한 명칭이 사용되고 있으며, 일본에서도 아직 명칭이 통일되어 있지 않다. 아궁이 이마 및 그 주연부에 부착하는 틀 혹은 장식판이므로 '아궁이 이마 장식[竈額飾]' 또는 '아궁이 이마 판[竈額板]' 등으로 부르는 방안이 있을 수 있다. 용어에 대한 학계의 적당한 의견 일치가 있을 때까지 잠정적으로 '조액판식(竈額板飾)'으로 부르고자 한다.

 백제 지역에 등장하는 조액판의 기원에 대해서는 고구려 지역의 철제 부뚜막의 존재를 염두에 두고 그와 밀접한 관련이 있는 것으로 이해하는 입장이 많다(徐賢珠, 2003 ; 權度希 · 宋滿榮, 2003 ; 權五榮, 2004). 그리고, 그것이 백제 지역에 등장하는 구체적인 시기 및 배경과 관련해서는 4세기대 본격적으로 전개된 백제와 고구려의 대립 과정에서 백제의 중심 지역으로 들어 왔을 것이라는 견해(徐賢珠, 2003)가 제시된 바 있다.

 이와 관련해 백제 지역에 등장하는 조액판식의 시기를 우선 알아보아야 한다. 풍납동 가-5호, 가-9호 주거지 및 파주 주월리 96-7호 주거지 등 비교적 이른 시기의 조액판식이 보이는 유적의 시기 비정이 필요하다. 파주 주월리 96-7호 주거지에는 고구려토기와 낙랑계 토기가 함께 공존하고 있는 점 등으로 미루어 3세기 중후엽~4세기 전반경으로 비정할 수 있다. 그리고, 풍납동 가-9호 출토 심발형토기 역시 주월리의 것과 거의 같은 시기로 볼 수 있는데, 함께 나온 가야계(加耶系) 고배의 다리편은 영남지역에서 4세기대로 편년될 수 있다. 이러한 점으로 보아 백제 지역에서의 조액판식의 등장은 3세기 후반~4세기 전반경으로 비정할 수 있다.

주월리 유적에서처럼 고구려토기와 낙랑계 토기가 함께 보이는 상황은 그 무렵 낙랑이 고구려에 의해 퇴출되면서 일련의 사회적 변동이 있었음을 보여주는 것으로 이해된다. 군현의 소멸과 함께 일부 낙랑 지역 주민들은 백제 지역으로 남하 이주하였을 가능성이 높고, 그러한 사회 변화에 수반되어 군현 지역 주민들의 생활 속에 자리 잡고 있던 조액판식과 같은 요소들이 백제 지역으로 유입되었을 것이라는 생각이다. 한편, 전술한 기존의 견해들은 조액판식이 고구려의 철제 이동식 부뚜막과 관련 있을 것으로 보고 있으나, 고구려 부뚜막은 아궁이와 직교되는 방향으로 2개의 솥걸이가 있는 이른바 횡렬(橫列) 2공식인데 비해 백제 지역의 부뚜막은 아궁이와 솥걸이가 같은 방향에 있는 종렬(縱列)이라는 점에서 구조적인 차이가 있다(李炯周, 2001). 낙랑 지역에서 실물 조액판식이 알려진 것은 없으나 중국 본토의 명기 부뚜막 예를 통해 간접적으로 추정해 볼 수는 있을 것이다.

필자가 확인한 바로는 조액판식이 있는 부뚜막은 한대(漢代)의 무덤 출토품 가운데 비교적 많은 듯하다. 섬서성(陝西省), 서안(西安) 전한(前漢) 조기(早期) 묘 출토품(韓保全·程林泉·韓國河, 1999), 함양(咸陽) 전한(前漢) 만기(晚期) 묘 출토품(劉曉華·景明晨·王瑛, 1990), 서안(西安) 전한 만기 묘 출토품(柟楓1989), 장안현(長安縣) 후한 만기 묘 출토품(貝安志·馬志軍, 1990) 등이 그 예이다. 아궁이의 이마 부분과 좌우측면에 삼각거치문, 파상선문, 격자문, 현문(弦紋), 무문(無紋) 등으로 조액판식이 표시되어 있다. 그 가운데 특히, 섬서성 서안의 용수원한묘군의 62호묘 출토품과 장안현 출토품은 풍납토성 출토 조액판식과 흡사하다 (그림 11 참조). 이러한 점으로 미루어 백제 지역에 들어온 조액판식은 낙랑등의 중국 군현을 통해 유입되었을 가능성이 높다.

이처럼 조액판식은 부뚜막의 출현과 함께 등장한 것이 아니라 대략 3세기 후반~4세기 전반경 낙랑 지역을 통해 유입되었을 가능성이 높다. 그런데, 앞서 보았듯이 중국에서는 부뚜막이 무덤의 명기 가운데 하나로 중시되고 있음을 알 수 있다. 명기 가운데는 부뚜막 이외에도 우물 등도 종종 확인되고 있는데, 이러한 명기들의 구성은 '오사(五祀)' 즉, 집안에서 행하는 5가지의 제사 대상과 관련이 있다는 것이다. 한대(漢代) 명기에서 확인되는 오사의 대상은 류(霤 : 社), 호(戶), 조(竈), 문(門), 정(井) 등이라 한다(林巳奈夫, 2002). 조(竈) 즉, 부뚜막의 신은 조왕(竈王)으로 잘 알려져 있으며, 지금도 조왕신에게 제를 올리는 민속이 남아 있다. 백제 지역에서 새로이 부뚜막 이마에 장식판을 붙이는 행위는 그 무렵 낙랑 등지에서 행해지고 있던 조왕 제사 관습과 밀접한 관련이 있을 것으로 추정된다. 낙랑을 통해 풍납토성 등 백제의 중앙에 들어온 조왕 제사 습속은 이후 고고학적으로 확인되는 상기의 여러 조액판식 출토지 등으로 확산되며, 나아가 일본 열도에까지 전해졌을 것이다.

4) 굴뚝의 출현

위에서 부뚜막의 구조를 아궁이[焚口], 연소실(燃燒室), 연도(煙道) 등으로 나누어 본 바 있다. 연소실과 연도가 직렬로 연결되는 일렬 배치형은 부뚜막 등장 초기에 보이다가 기원후 3세기 이전까지의 기간에는 연소실과 연도가 직교하면서 연도 부분이 길어진 부뚜막이 성행하였음을 보았다. 연도부가 길어지면 실내 난방(煖房)에는 그 만큼 유리하지만 연소실의 화력은 그에 반비례하여 낮아지게 된다. 이를 개선하기 위해서는 길어진 연도에 비례하여 흡인력이 높은 배연시설 즉, 굴뚝[煙突]이 필요하게 된다.

일반적으로 높이 차가 없이 횡으로 이어지는 연돌은 흡인력이 낮아 그 길이의 3~5배 정도 높이를 필요로 한다고 한다(桝田治, 2005). 이러한 점에 비추어 연소실과 연도가 직교하면서 주거지의 벽을 따라 길게 이어지는 주거지에는 굴뚝을 설치할 필요성이 높아졌을 것이다. 현재까지 조사된 바에 의하면 원삼국시대 및 한성시기 백제의 유적에서 굴뚝시설과 관련된 확실한 자료는 없으나, 연도부가 주거지의 어깨선을 관통하도록 한 구멍이 주거지의 벽선 또는 그 바깥에 설치된 예들은 확인된 바 있다. 여주(驪州) 연양리(淵陽里), 포천(抱川) 자작리(自作里), 하남(河南) 미사리(渼沙里), 화성(華城) 발안리(發安里), 홍천 율문리 등이 그 예이다. 특히, 미사리 A-1호 주거지에서는 나무로 만들었는데, 연통의 크기가 안지름 약 20㎝ 가량 되는 모를 죽인 정사각형이었다. 굴뚝 기초의 위치는 수혈 주거지의 어깨 지점이다. 굴뚝의 높이는 상부가 없어져 자세히 알 수 없다(사진 10 및 사진 11). 자작리의 경우는 굴

사진 10. 화성 발안리 21호 주거지의 굴뚝 모습(출입구 쪽 우측 벽)

사진 11. 홍천 율문리 1호 주거지 굴뚝 아래 부분 모습(토기편과 나무통 이용)

뚝의 기초 부분이 냇돌을 돌려 만든 것이 확인되었다. 이처럼, 한강유역의 원삼국시대 및 백제 주거지에는 연도부가 길어지면서 굴뚝이 만들어지고 있음을 알 수 있다.

한편, 백제 유적에서는 원통 모양의 토제품이 확인되는 경우가 있다. 현재까지 알려진 예는 그다지 많지 않으나 그 생김새가 굴뚝으로 사용되기에 적합한 것이어서 주목된다. 천안(天安) 용원리(龍院里) 주거지 출토품은 마치 장고의 한 가운데를 절단한 나머지 한쪽 부분처럼 생긴 것으로서 2개의 쇠뿔형손잡이와 4개의 고리형손잡이가 달려 있다(원색사진 14). 이 주거지의 정확한 시기는 현재의 자료로서는 비정하기 어

려우나 백제고분들 사이의 공터에 한 채
만 위치하고 있는 점으로 미루어 고분군
조성시점의 특수용도의 건물지로 추정
된다. 그렇다면, 이 원통형 토제품은 5
세기 중엽 이전의 한성시기 백제의 것으
로 보아도 좋을 것이다. 용원리 출토품
과 형태적으로 흡사한 것이 2006년 전
남 순천(順天) 덕암동, 부안 장동리 유적
등에서 출토된 바 있다. 모두 표면에 격
자문이 타날되어 있으며 2개의 고리형
손잡이가 달려 있다(사진 12).

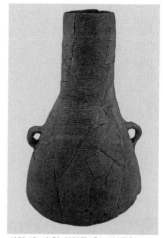

사진 12. 순천 덕암동 출토 연통형토기

　이들과 동일한 원통형 토제품은 일본에서도 알려진 바 있다. 오오사
카[大阪] 이시츠난마찌[石津南町]의 쿠수노키[楠] 유적 출토품(濱田延充,
1997)이 그것인데, 기본적인 형태는 용원리 출토품과 동일하나 연통 부
분의 길이가 조금 길다. 이 토기는 심발형토기(深鉢形土器) 및 시루 등
한반도에서 건너간 이른바 한식계(韓式系) 토기들과 함께 나왔는데, 시
기는 5세기 중엽~말 사이에 걸치는 것으로 알려져 있어 용원리 출토품
과 시기적으로 일치됨을 알 수 있다.

　확실한 토제 굴뚝은 사비기(泗沘期 : 538~660년) 백제의 유적들에서
다수 확인된다. 부여 능사(陵寺), 동남리(東南里), 정림사지(定林寺址),
부소산성(扶蘇山城), 궁남지(宮南池), 관북리(官北里), 화지산(花枝山),

군수리(軍守里), 익산(益山) 왕궁리(王宮里) 등에서 출토된 바 있다. 몇
개의 원통형 부재를 연결하고 맨 위에는 이른바 연가(煙家) 즉, 보주형
(寶珠形)의 덮개를 한 모양이다(원색사진 15). 이들 굴뚝 토제품이 나온
유적들은 대부분 왕궁이나 사찰 등 격이 높은 것들이 대부분이지만, 그
가운데는 군수리와 같이 당시 도성 내에 거주하였던 일반인들의 가옥
에서 나온 것도 있어 사비시기에는 그러한 연통을 조립한 굴뚝이 상당
히 보급되고 있었음을 짐작할 수 있다.

이 무렵의 일반인들의 주거지는 얕은 수혈이거나 또는 지상가옥 형태

사진 13. 부여 정동리 주거지의 굴뚝 모습

로 나타나고 있는데, 그 가운데 부여 정동리(井洞里)의 예를 보면 수혈의 벽 가운데 산기슭의 윗방향의 높은 쪽을 이용해 돌로써 굴뚝을 쌓아 올린 것도 있다(사진 13).

사비기에 들어 굴뚝이 보편화되는 것과 관련하여 그 이면에 고구려의 영향을 상정하기도 하나(金圭東, 2002), 전술한 바와 같이 한성기의 비교적 늦은 시점에 이미 사비기의 굴뚝 토제품과 거의 동일한 형태의 것이 존재하는 점으로 보면 백제 지역에서 점진적으로 발전되어 왔을 가능성도 배제하기 어렵다. 한성기 후반의 그러한 굴뚝 토제품은 백제인들의 이주 등과 관련하여 일본으로도 전파되었음을 알 수 있다.

2. 장란형토기와 심발형토기

1) 낙랑토기의 영향

원삼국기 토기에 보이는 낙랑적인 요소는 특히 낙동강유역의 영남지역에서 잘 나타난다. 영남지역 원삼국시대의 대표적인 토기로 알려진 이른바 와질토기(瓦質土器) 그 자체가 낙랑계 토기 제작 기술을 받아들인 결과로 이해되고 있기 때문이다. 영남지역 원삼국시대 시작을 알리는 표지적 고고학 자료인 이른바 고식(古式) 와질토기에는 승문이 타날되어 있는데 그러한 타날 기법의 기술적 계통은 중국의 전국계(戰國系) 토기 제작 기법에 있는 것으로 알려져 있다. 그렇지만 기원전 300년경에 형성된 이른바 '세죽리연화보유형(細竹里蓮花堡類型)'이라 부르는 중국 전국시대 토기문화가 그대로 받아들여진 결과는 아니다. 대동강유역의 고조선, 구체적으로는 위만조선(衛滿朝鮮) 시기에 세죽리 연화보유형 문화는 일단 고조선의 토착 문화에 수용되어 정착되었다가 고조선의 멸망과 그에 따른 낙랑 등 중국 군현의 설치 이후의 대

사진 14. 가평 달전리 낙랑 목곽묘 출토 토기 호

략 기원전 1세기 후반경에 남한지역으로 확산 수용되었던 것이다(사진 14). 그 이후 2세기 전반~중엽경에 걸쳐 이른바 신식(新式) 와질토기 단계에 오면 종전의 승문계(繩文系)를 대신하여 새로이 격자문(格子文)이 타날된 기종들이 등장하는데, 이는 낙랑을 통한 한대(漢代) 토기 제작 기술의 또 다른 확산과 관련 있는 것으로 보고 있다. 이처럼 영남지역의 원삼국시대 토기는 기술 계통으로 보면 크게 2차례 낙랑 지역으로부터 제도기술을 수용한 것으로 볼 수 있다.

그리고 원삼국시대 이후 새로 등장하는 자비용기(煮沸用器)는 종래의 점토대토기 심발(深鉢) 또는 옹(甕)을 점진적으로 대체한 것으로서 이른바 적색토기(赤色土器) 또는 연질토기(軟質土器)로 불리는 구연이 밖으로 벌어지고 바닥이 둥근[圓低 外反口緣] 토기의 등장은 취사 또는 자비(煮沸)와 같은 식생활 문화상에 일어난 변화로서 주목된다.

그러한 변화의 배경에는 아마도 낙랑 지역으로부터의 이주민(移住民)

의 영향이 작용하였을 것으로 보인다. 최초 제1세대 이주민의 경우 취사용기와 같은 기본적 생활용품을 휴대하고 왔을 것이지만, 이후에는 현지에서 그것을 생산하거나 토착 문화의 토기를 사용하여야 할 것이다. 만약 현지에서 생산이 이루어질 경우에는 제작 기법상으로 볼 때 종전의 낙랑 지역 토기 제작 기술 요소의 일부분만이 나타나는 새로운 유형의 토기들이 등장할 가능성이 높다. 구체적으로 당시의 토기 생산 체제가 어떠한가에 달려 있겠지만 전문적인 토기 제작 기술 집단이 없는 상황이라면 원래의 낙랑토기 제작기법이 그대로 재현될 가능성은 극히 낮을 것이라 생각된다. 아무튼, 후술하게 되는 것처럼 낙랑적 요소를 간직한 토기는 그러한 과정의 산물일 것으로 추정되는데, 만약 그러한 토기가 기능적으로 현지 토기보다 우수하거나 이들의 생산체제가 현지의 그것보다 우월한 경우에는 토착인들에 의해 그것이 수용될 가능성이 높다. 이 경우 새로운 토기가 마침내 재래토기를 대체하게 되면 새로운 제작 기법으로 만들어진 새 기종의 등장으로 나타날 것이다. 적갈색 연질의 자비용기의 등장 과정에서 이와 같은 모습이 비교적 잘 관찰된다.

이처럼 영남지역 원삼국시대 토기에는 낙랑계 요소가 시종 나타나고 있는데, 토기의 생김새로 볼 때 낙랑토기와 연관성이 매우 높은 것 가운데는 원저의 자비용기와 단경호 등이 있다. 최근까지 진전된 영남지역의 토기 편년 연구 성과를 종합하여 이들의 변천 양상을 살펴보면 앞에서 본 〈그림 2〉와 같다.

〈그림 2〉에서 보면, 대구 팔달동(八達洞) 30호 목관묘에서는 재래의 점토대토기와 함께 말각평저(抹角平底) 외반구연 심발이 나온다. 단면 형태가 장방형에 가까운 구연부가 크게 옆으로 꺾인 모습에서 낙랑지역 고유의 이른바 화분형토기(花盆形土器)와 매우 닮았다. 이 무덤의 시기가 기원전 1세기 후반경으로 비정되므로 낙랑의 화분형토기와 시기적으로도 병행하고 있다. 이러한 점으로 볼 때 말각평저로 된 외반구연 심발은 현지 생산된 화분형토기로 보아도 좋을 것이다.

낙랑 화분형토기의 자세한 기형 변화는 아직 잘 알려져 있지 않으나, 〈그림 2〉에서 보는 것처럼 평저(平底)→원저(圓底)로의 변화가 있었을 것으로 보인다. 화분형토기를 철제로 만든 것으로 볼 수 있는 철복(鐵鍑)에서도 그러한 변화가 감지되는데, 경주 사라리(舍羅里) 130호 묘와 김해 양동리(良洞里) 162호 묘 출토품들을 서로 비교해 보면 잘 알 수 있다. 사라리가 양동리보다 약간 이른데, 사라리 철복(사진 15)은 아직 평저 기미가 확연하면서 구연이 두터운 편인데 비해 양동리의 것은 원저 기미가

사진 15. 경주 사라리 130호묘 출토 철복

두드러질 뿐 아니라 구연 역시 한층 얇아 졌다.

　낙랑 화분형토기가 낙동강유역에 나타나는 시점은 앞서 언급한 바처럼 대략 기원전 1세기 후반경이다. 아마도 이 무렵 낙랑으로부터 다수의 이주민이 영남지역으로 유입되었을 것이다. 낙랑에서 이주 남하한 사람들의 존재는 최근 고고학적으로도 확인된다. 2003년도에 발견된 경기도 가평(加平) 달전리(達田里)에서는 그 무렵 낙랑 이주민들의 무덤이 발견되었다. 묘제(墓制) 즉, 무덤 쓰는 방식이 낙랑의 목곽묘(木槨墓)로 되어 있는 점이나 부장 유물 또한 낙랑의 그것과 완전히 동일하여 이 무덤을 만든 사람들이 낙랑 이주민임을 분명히 알 수 있다(사진 14 참조). 이 유적에서는 모두 4기의 목곽묘가 무리를 이루고 있는데, 무덤이 조성된 시기는 기원전 1세기대이다. 전술한 낙동강유역에 등장하는 낙랑토기 화분형토기와 유사한 기종은 그러한 이주민들이 현지에서 생산한 자비용기가 현지인들에게 받아들여진 것으로 볼 수 있다. 달전리에서는 화분형토기와 더불어 평저의 단경호도 부장되어 있었다. 그러한 낙랑 평저 단경호가 낙동강유역 현지에서 생산된 것으로 볼 수 있는 호(壺) 역시 기원전 1세기 후반경부터 낙동강유역에 등장한다. 〈그림 2〉에서 보듯이 이른 단계 단경호의 저부는 평저 기미가 뚜렷하지만 기원후 100년경을 전후한 시점에 이르면 원저화되는 것으로 나타난다. 기원후 2세기 후반경에 들면서 단경호에는 격자문이 시문된다. 그리고 이와 함께 구연부에 최대경이 있는 원저 자비용기들이 등장하고 있다. 대략 2세기 전반대에는 무문으로 된 것이 주류였으나 이후 격자 타날로 이행되는 것으로 보인다. 이러한 일련의 새로운 변화는 전술한 바와 같은 또 다른 낙랑토기문화의 파급과 관계있을 것이다. 이 무렵 낙랑 등 중국 군현 지역의 토기가 구체적으로 어떠하였는지를 잘 알 수 있는 자료가 거의 없으나, 그러한 자료적 공백을 메워줄 수 있는 것으로 주목되는 것이 최근 확인된 경기도 시흥 오이도(烏耳島) 출토 낙랑계 토기들이다. 저부가 둥근 타날문토기는 경주 사라리 130호분 출토품과 기형적으로 거의 동일한데, 몸체 상부는 무문으로 처리되어 있으나 저부에만 승문 타날이 남아 있다. 오이도 낙랑계 토기는 그 시기가 대체로 3세기 전반경으로 추정된다.

영남지역에서 한강유역 및 중서부지역의 장란형토기와 동일한 토기가 등장하는 시점은 〈그림 2〉에서 보는 것처럼 3세기 전반경이다. 이는 한강유역 및 중서부지역에서 원삼국시대 III기(200~250년)에 등장하는 장란형토기와도 같은 시기여서 주목된다. 영남지역의 자비용기 가운데 무문으로 된 것과 격자 타날된 것을 지역적인 차이로 보는 연구자도 있으나 큰 흐름은 역시 무문에서 타날로 이행되는 것으로 이해해도 좋을 것이다.

2) 장란형토기와 심발형토기의 출현

영남지역에서 보이는 원삼국시대 토기상에 나타나는 낙랑적 요소를 통해 대략 기원전 1세기 후반경부터 화분형토기, 승문타날평저단경호 등이 등장하여 이후 자체적 또는 그때 그때의 외래적 요소를 받아 들여 변천하는 가운데 기원후 2세기 전반경을 기점으로 격자 타날로 대표되는 또 다른 낙랑적 요소의 대대적 파급이 있었음을 보았다. 이러한 변천 양상을 염두에 두고 한강유역 및 중서부지역의 원삼국시대 토기상을 보면 기원후 2세기 후반 이전의 모습이 매우 빈약하여 자세히 살피기 어렵다. 필자 편년안의 원삼국시대 Ⅱ기의 2단계 이후의 토기 자료는 비교적 많은데, 그것을 통해 심발형토기 및 장란형토기의 형성 과정을 보기로 한다.

한강유역 원삼국기 Ⅱ-2기의 표지적인 토기상은 하남 미사리(渼沙里) A-1호 주거지 출토품이다. 그 가운데 방격사유경(方格四乳鏡)으로 부르는 동경(銅鏡)의 방제(仿製) 거울, 즉 원래의 중국제 거울을 복제한 거울은 이 유적의 시기를 파악하는데 있어 중요하며, 나아가 한강유역 원삼국시대 토기의 편년에 있어서도 큰 도움이 된다(사진 1 참조). 필자가 분석한 바에 의하면, 이 방제경의 원경(原鏡), 즉 본이 되었던 거울의 양식이 후한(後漢)의 만기(晩期) 무렵이므로 방제경은 200년경을 전후한 시기로 비정된다(그림 5 참조).

그런데, 미사리 A-1호 출토품으로 대표되는 이 단계에는 아직 심발형토기나 장란형토기는 보이지 않으나, 호와 같은 기종에는 격자타날이 확인된다. 전술한 것처럼 이러한 격자타날은 영남지역에서도 2세기 후반경에 들어 처음으로 등장하는 것이어서 시기적으로 병행하고 있음을 알 수 있다.

한강유역에서 자비용기에 타날문이 등장하는 시기는 충북 중원(中原)

하천리(荷川里) F지구 1호 주거지 단계이다. 경질무문토기 큰 심발과 동일한 기형에 격자문이 타날된 것으로서 필자는 이를 심발형토기의 출현 단계의 모습으로 생각한 적이 있다. 경질무문토기 발형 기종에 타날문이 더해져 새로운 유형의 심발형토기와 같은 소형 자비용기가 등장하였을 것이라는 생각에서였으나, 이와 같은 대형의 발형토기에 격자 타날이 가해진 것은 심발형토기보다는 장란형토기의 발생과 관련된 것으로 보는 것이 좋을 것 같다. 하천리 F 지구 1호 주거지의 시기는 전술한 미사리 한양대 A-1호 주거지 출토품보다 늦은 3세기 전반대의 이른 단계에 비정될 수 있다(그림 3 및 4 참조).

　하천리 F 지구 1호 주거지의 토기상과 시기적으로 가까운 것으로는 경기도 화성(華城) 발안리(發安里) 1호 주거지 출토품이 있다. 경질무문토기 대형 발과 함께 격자타날 자비용기가 공반되었는데, 저부가 결실되어 하천리와 같은 기형인지 아니면 원저화가 진행된 장란형토기인지를 알기 어려우나 경질무문토기 평저 시루가 얹혀서 출토된 격자 타날 유경호(有頸壺)(사진 16)가 자비용기로 사용되고 있는 점으로 보아 본격적인 장란형토기는 아직 등장하지 않았을 가능성이 많다. 그리고 자비용기로 전용(轉用)되

사진 16. 화성 발안리 유적 출토 자비용기 호와 시루의 결합 모습

었던 유경호와 동일한 형태의 호는 하천리 F지구 1호 주거지에서도 출토되어 이들이 시기적으로 가까움을 뒷받침해주고 있다. 발안리 1호 주거지 출토 경질무문토기 평저 시루와 동일한 것은 경기도 파주 주월리(舟月里) 한양대 조사 지역의 2호 주거지에서도 확인되고 있다.

심발형토기의 출현 과정과 관련하여 주월리 97-13호 주거지 출토품이 주목된다. 경질무문토기 기형에 격자문이 타날되어 있다. 뒤에서 보게 되듯이 심발형토기의 타날문은 크게 격자문계와 승문계로 나눌 수 있는데, 이들은 각기 중서부지역과 백제의 발상지인 한강 하류지역과 대응되는 것으로 파악하고 있다. 그와 함께 격자문계가 시기적으로 약간 선행하였을 가능성도 있다.

원저의 기형에 전면 격자타날된 완성형 장란형토기는 충남 공주(公州) 장원리(長院里) 3호 옹관묘에서 확인된다. 경질무문토기 대형 발과 장란형토기가 합구된 이 옹관은 19호 주구묘의 주구에 묻힌 것인데, 주구묘에서는 전술한 발안리 1호 주거지 출토 유경호와 같은 기종이면서 기면에 횡선이 돌려진 보다 발달된 모습의 유경호가 부장되어 있어 그 시기적 위치를 짐작할 수 있다. 여기의 경질무문토기 대형 발은 원저에 가까운 저부 형태나 최대경이 몸체의 가운데에 있는 모습 등에서 장란형토기와 매우 흡사하다(그림 3 및 그림 4 참조). 장원리 19호 주구묘의 주구에는 또 하나의 옹관이 배장되어 있는데, 이 옹관은 전술한 장란형토기에 비해 더욱 발달한 단계의 것이다. 전면에 격자가 시문된 점은 같으나 저부에는 성기고 큰 격자문이 타날되어 있는 점이 주목된다. 동체(胴體) 중상부와 저부를 각기 서로 다른 문양으로 타날하는 것은 서울 등 한강 하류지역 특유의 장란형토기와 비교될 수 있기 때문이다.

승문이 타날된 장란형토기는 파주 주월리 96-7호 주거지 단계에서 보이고 있다. 이 주거지에서는 전면 격자문 타날 장란형토기도 공반되고 있는데, 전술한 바와 같은 격자문 타날 장란형토기 형성 과정을 고려할 때 승문타날이 격자타날에 비해 다소 늦게 등장하였을 가능성도 있다. 〈그림 4〉에서 보듯이 시루의 형태 변화 경향으로 보아 주월리 96-7호 주거지보다 선행할 수 있는 풍납동 나-8호 주거지 출토 호의 형태가 앞서 본 바와 같이 격자 타날 장란형토기 옹관이 배장된 장원리 19호 묘 출토 호에 비해 발달된 단계인 점에서 그러한 점이 엿보인다. 그러나 심발형토기의 경우와 마찬가지로 승문계는 백제 발상지인 한강 하류지역에 집중되는데 비해 격자계는 그를 둘러싼 한강유역 및 중서부 지역과 관련되는 지역성이 더욱 강한 것으로 보인다. 이에 대해서는 뒤에서 다시 자세히 살펴볼 것이다.

한강 하류지역, 구체적으로 풍납동이나 미사리 유적으로 대표되는 서울지역에 승문계 장란형토기가 등장하는 배경과 관련하여 주목되는 것이 최근 화성(華城) 기안리(旗安里)에서 출토된 낙랑계 토기들이다. 이와 유사한 예는 인접한 화성 당하리(堂下里) 유적에서도 확인된 바 있는데, 전면에 승문이 타날되어 있다. 이러한 낙랑계 토기의 영향을 받아 한강 하류지역의 자비용기는 경실무문토기 대형 발에서 장란형토기로 이행되었을 것으로 보고 있다(원색사진 11).

한강유역에서 낙랑토기의 영향을 받아 등장한 토기로는 일찍부터 회흑색무문양토기(灰黑色無文樣土器) 평저호(平底壺)가 거론되어 왔다. 그 가운데 가평 마장리(馬場里) 주거지 출토 평저호는 시루와 함께 나왔는데, 그 시기는 대체로 앞에 든 기안리, 당하리 등과 병행된다. 중도 1호 즙석식적석묘 출토 평저호 역시 이와 같은 시기이다. 결국 당하리, 가평 마장리, 중도 1호 즙석식적석묘 등에서 확인되었던 낙랑계 토기나 낙랑토기의 영향을 받은 토기들이 모두 시기적으로 같음을 알 수 있는데, 그 실제 역연대(曆年代)는 대략 250년을 전후한 무렵으로 비정된다.

그렇다면, 주월리의 승문 타날 장란형토기는 서울지역에서 출현한 승문 장란형토기가 파급된 것일 수도 있다. 이와 관련해 주목되는 점은 이 주거지 출토 심발형토기 가운데 동체 중상부 승문 + 저부 격자로 된 것이 있고 이와 동일한 예들은 풍납동 나-8호 주거지 출토품에서도 확인된다는 것이다. 풍납동 나-8호 주거지는 주월리 96-7호 주거지보다 다소 선행하는 것으로 보이므로 그러한 심발형토기는 서울지역에서 먼저 등장하였을 가능성이 있는 것이다.

동체 중상부에는 승문이 타날되고 저부에 굵은 격자문이 시문된 한강유역 특유의 장란형토기가 구체적으로 어느 시점에 등장하는 지에 대해서는 아직 구체적인 자료가 없으나 화성 마하리 목곽묘 등에서 나오고 있는 점으로 보아 대략 3세기 후반~말경에 출현하는 것으로 판단된다. 이와 공반된 마하리 목곽묘 출토 심발형토기는 승문타날 후 횡선이 돌려진 것과 평행타날된 것이 있는데, 이들은 모두 서울지역에서 출현하여 점차 확산되는 승문계 심발형토기들이다. 이에 대해서는 뒤에서 다시 자세히 다룰 것이다. 풍납동 나-8호나 주월리 96-7호 주거지 출토 심발형토기와 비교하면 저부와 연결되는 동체 하단에 깎기 수법이 새로이 추가되고 있는 등의 차이가 있다.

이상의 내용을 정리하면 〈그림 3〉과 같은데, 장란형토기의 형성 과정을 기준으로 할 때 원삼국 Ⅲ기는 하천리 F지구 1호 주거지 및 발안리 1호 주거지 단계, 장원리 3호 옹관 단계, 그리고 주월리 96-7호 주거지 단계 등으로 세분이 가능하다. 이들을 각각 원삼국기 Ⅲ-1, Ⅲ-2, Ⅲ-3기로 구분하여 부른다.

한강유역 및 중서부지역 장란형토기 및 심발형토기 형성 과정에서 엿보이는 변화의 획기는 크게 2차례로 요약할 수 있다.

첫 번째는 Ⅱ-2기에 들어 처음 보이는 격자타날 호의 등장이다. 이것은 Ⅲ-1기에 들어 경질무문토기 대형 발과 같은 자비용기나 경질무문토기 소형 심발 등에 격자문이 타날되면서 새로운 기종의 출현을 모색하고 있다. 격자문의 등장이라는 이러한 변화는 앞서 보았던 영남지역에서의 그것과 시기적으로 병행되고 있는 것으로 주목되는데, 아직 이 단계와 관련시킬 수 있는 낙랑 지역의 토기 양상은 자세히 알 수 없으나 오이도 등지에서 출토된 낙랑계 토기를 통해 간접적으로 짐작할 수 있을 것이다.

다음은 Ⅲ-2 또는 Ⅲ-3기에 나타나는 한강 하류지역 특유의 승문계 심발형토기 및 장란형토기와 관련되는 변화이다. 이와 관련되는 낙랑 또는 낙랑계 토기상은 최근 발견된 기안리 유적이나 당하리 등지 출토품으로 보인다. 시기적으로 이 무렵의 낙랑계 토기는 구체적으로 대방(帶方)지역과 관련될 가능성이 높지만 아직 정확한 비교 자료가 없다. 문헌 사료에 보이는 백제와 대방 사이의 친밀하고 빈번한 관계가 주목된다.

지금까지 장란형토기와 심발형토기의 출현 과정에 대해 영남지역에서 관찰되는 낙랑토기의 영향을 참고로 하면서 한강유역에서도 그러한 낙랑토기의 영향이 특히 장란형토기 및 심발형토기의 등장 시점에 잘 나타나고 있음을 알게 되었다. 이상의 내용들을 다시 한 번 요약 정리해보면 다음과 같다.

영남지역 원삼국시대 토기상에서 보이는 낙랑 또는 낙랑계 요소는 고식 와질토기의 시작단계부터 나타나며, 2세기 후반경 이후 또 한 차례의 파급이 있었던 것으로 볼 수 있다. 이 지역에서의 그러한 낙랑적 요소는 주민의 이주와 같은 직접적인 과정과 관련 있을 것으로 추정된다.

그러나 한강유역 및 중서부지역에서는 영남지역의 2세기 후반경의 낙랑적 요소 출현과 관련되는 것과 시기적으로 병행하여 비로소 나타나지만 그 흔적은 격자문 타날 기종의 등장 정도 밖에 감지되지 않는다. 장란형토기나 심발형토기 등의 자비용기의 출현 과정을 면밀히 관찰해보면, 영남지역에서는 기원전후 무렵부터 점토대토기 발이 낙랑 화분형토기의 현지 생산품으로 추정되는 자비용기로 이행되고 있는데 비해 한강유역 및 중서부지역에서는 경질무문토기 발이 거의 변화 없이 기원후 2세기 말까지 지속되다가 3세기 전반경 갑자기 원저의 새로운 자비용기인 장란형토기나 소형 자비용기로 추정되는 심발형토기 등이 출현하고 있다.

한강유역 및 중서부지역에서 나타나는 이러한 토기상의 변화는 최근 기안리 등지에서 발견된 낙랑 또는 낙랑계 토기와 밀접한 관련이 있을 것으로 보인다. 특히, 백제의 발상지였던 서울지역을 중심으로 하는 한강 하류지역의 승문계(繩文系) 장란형토기 및 심발형토기는 이러한 낙랑계 토기의 영향으로 등장하였을 것으로 보인다. 취사 등 식생활에 사용되는 자비용기에 나타나는 변화는 단순한 모방의 결과로 간주될 수 없다. 낙랑 지역 주민의 직접적인 이동 등에 수반되어 처음 등장한 이후 이들에 의해 얼마간 현지에서 생산되는 단계를 거쳐 마침내 기능성이나 생산 체제상의 우위를 통해 확산 수용되었을 것으로 보아야 할 것이다. 문헌 사료에 나타나는 바와 같이 3세기 전반대에 집중된 백제와 낙랑 대방 등 군현지역과의 다양한 교섭을 통해 낙랑계 주민의 이주도 적지 않았을 것이며, 이러한 과정에서 선진적인 생산체제를 수용하게 된 한강 하류 세력이 백제의 국가 성립을 주도하게 되었던 사정을 반영하고 있는 지도 모른다.

3) 장란형토기에서 솥으로

외반구연의 평저 경질무문토기 대형 심발이 둥근 밑의 장란형토기로 이행되는 배경에는 낙랑 지역으로부터 새롭게 이입된 토기문화의 영향이 있었음은 위에서 보았다. 둥근 밑은 편평 밑에 비해 열을 받은 표면적을 더욱 확대함으로써 솥으로서의 기능이 한층 제고되었음은 두 말할 필요 없다. 이러한 장란형토기는 이후 전을 갖춘 솥으로 대체되기까지 백제시대의 거의 전 기간에 걸쳐 지속된다. 그러나, 구체적인 형태에 있어서는 변화가 있으며, 또한 지역마다 얼마씩 차이도 나타난다.

시기적인 변화 모습은 구연부의 생김새와 몸체의 전체 형태 등에서 감지된다. 우선, 구연부의 생김새를 보면 이른 시기의 것은 구연부의 외반 정도가 약하여 비스듬한 사선상으로 밖으로 벌어지면서 구순(口脣) 즉, 구연부의 끝도 자른 듯이 반듯하게 마무리 되는데 비해, 늦은 시기의 것은 구연부의 외반 정도가 심하여 거의 수평에 가깝게 옆으로 퍼지면서 구순도 가운데가 약간 들어간 ‘Σ’ 모양이거나 끝을 말아 붙여 단면형이 삼각형에 가깝게 처리된다. 그리고, 몸체 모양의 변화 추세는 서울지역의 경우는 그다지 눈에 띄는 변화가 없으나 충청지역~호남지역에 이르는 중서부 이남지역에서는 비교적 이른 시기의 것은 세장한 편인 반면 시간이 경과하면서 높이가 낮고 동체의 직경이 넓어지는 양상이 관찰된다.

지역적인 특색은 주로 기벽 외면에 두드려진 타날문에서 잘 나타난다. 서울을 중심으로 하는 백제 발상지(發祥地)의 장란형토기는 구연부에서 몸통의 하단부까지 승문(繩文) 즉, 막대나 판자 등에 새끼줄을 감아 두드린 문양으로 되어 있고, 동체의 아랫부분과 바닥에는 격자문이 타날되어 있다. 이처럼 아래 위가 각각 승문과 격자문으로 서로 다르게 표면 처리하는 방식은 장란형토기  뿐 아니라 심발형토기나 시루 등 에도 나타난다. 백제 중심지의 장 란형토기는 시간이 경과하면서 승 문이 평행선문으로 바뀌게 되는 데, 승문과 평행선문은 얼핏 보면 유사하게 보이기도 하는데, 이들 은 승문계통이라 할 수 있을 것이 다. 승문 또는 평행선문 위에 다시 횡방향으로 선이 돌려지는 것도 있다. 서울을 제외한 경기도 서해 안지역 및 충청도 이남 지역은 상

사진 17. 대전 구성동 유적 출토 격자타날장란 형토기

하의 구분 없이 그릇 외벽 전면에 걸쳐 격자문이 시문되어 표면의 문양 만 보아도 그 지역적 차이를 쉽게 알 수 있다(사진 17).

흥미로운 점은 장란형토기의 전반적인 변화 추세는 승문계가 격자문 을 제치고 점차 우위를 점하게 된다는 것이다. 이는 서울지역에서 국가 로 성장한 백제의 영역 확대 과정과 맥락을 같이 하고 있어 흥미롭다. 이러한 경향성은 뒤에 볼 심발형토기에 특히 잘 나타난다.

충청권 일대의 호서지역 장란형토기를 대상으로 한 최근 연구 성과 (정종태, 2003)에 따르면, 차령산맥 이북 지역에서는 4세기 중엽경을 기점으로 그 이전의 격자문이 승문계 즉, 백제 한성양식으로 변화하기

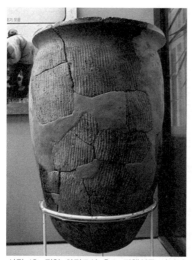

시작해 5세기 이후가 되면 거의 모든 장란형토기가 승문계로 변하며, 차령산맥 이남의 호서지역은 그보다 약 반세기 정도 늦은 400년경을 기점으로 승문계가 등장하여 5세기 중엽경 이후 승문계 일색으로 전환된다(사진 18).

이러한 변화 추세는 호서지역에만 국한되지 않고 금강이남 및 호남지역으로도 파급되나 각 지역에서 격자문이 승문계로 이행되는 구체적인 시기에 대해서는 장차

사진 18. 진안 와정토성 출토 평행선문 타날장란형토기

자세히 살펴야 할 점도 있다.

장란형토기는 백제의 멸망 이후에 해당되는 유적에서는 아직 확인된 바 없어 대체로 사비기에 들어 점차 소멸되었을 것으로 이해된다. 장란형토기를 대체하는 자비용기는 물론 솥이다. 장란형토기와 솥은 기능상으로는 다를 바 없으나 형태상으로는 일정한 차이가 있다. 무엇보다 중요한 형태적 차이는 장란형토기에는 없는 전이 달린 다는 것이다. 장란형토기가 보편적으로 사용되던 시기에도 솥이 확인된 바 있다. 백제지역에서는 청주(淸州) 봉명동(鳳鳴洞) 고분군에서 토제 솥 1점이 출토되었으며(원색사진 16), 이와 거의 같은 것이 공주 우성면(牛城面) 동곡

리(東谷里)에서 출토된 것으로 알려진 바(百濟文化開發研究院, 1984) 있
다. 신라의 경우 황남대총(皇南大塚) 출토 철솥이 있다. 고구려에서는
이른 시기부터 솥이 널리 사용된 것으로 보이는데, 이점은 6세기 중엽
경으로 비정되는 구의동(九宜洞) 보루 유적 등에서 철솥이 발견되기 때
문이다. 이 무렵 솥의 형태는 짧고 곧은 목에 좁은 편평 바닥을 가진 항
아리 모양인데, 솥전은 최대 동경(最大胴徑) 즉, 몸체 가운데 가장 폭이
넓은 지점에 짧게 달렸다. 이와 같은 솥의 모양은 중국의 한대(漢代) 이
후의 그것에 기원을 두고 있는 것으로 생각되지만, 앞서 장란형토기의
등장 배경으로 여겼던 낙랑 지역에는 장란형토기와 모양이 거의 같은
이른바 철복(鐵鍑)이라 불리는 솥이 비교적 널리 사용되었을 것으로 추
정된다.

  청주 봉명동 무덤은 대략 4세기대로 비정되는 것이지만 그 무렵 과연
백제에서 솥이 널리 사용되었는지에 대해서는 회의적이다. 당시 일반
인들의 주거지에서 사용된 자비용기는 거의 모두 장란형토기들이기 때
문이다. 아마도 금속제 솥을 모방하여 제작된 것으로 추정되며, 그러한
모방의 대상이 되었던 금속제 솥은 왕실 등 귀족들의 주방에서는 실제
로 사용되고 있었을 것이다.

  보통 사람들의 부엌에서 전이 달린 솥이 등장하는 시기는 대략 통일
신라 무렵으로 추정되는데, 이 솥의 계보는 앞서 본 중국 기원의 금속
제 솥에 있는 것이 아니라 종래의 장란형토기에 전이 부착된 것에 있는
것으로 추정된다. 백제지역에서는 아직 분명한 실물 자료가 확인되지

사진 19. 김해 예안리 고분군 출토 전달린장란　　사진 20. 보령 성주사지 출토 솥
형토기

않았으나 김해(金海) 예안리(禮安里) 고분군에서 옹관으로 전용된 예가
있다. 예안리 출토 전달린 장란형토기는 구연아래 전체 길이의 3/4 정
도 되는 위치에 비교적 넓은 전이 달린 형태이다(사진 19). 이러한 형태
는 중국 기원 금속제 솥과는 차이가 많으며, 신라 하대 9세기 무렵으로
비정되는 토제 솥(사진 20)의 형태와 더욱 닮아 있기 때문이다.

4) 심발형토기의 쓰임새

심발형토기(深鉢形土器)라는 용어는 필자가 몽촌토성 동남지구 발굴
조사 보고서를 작성하면서 종래 '풍납동식 조질(粗質) 유문토기(有紋土
器)'로 부르던 적갈색 연질의 평저 깊은 바리형토기에 대해 붙이면서이

다. 이 토기는 원삼국시대 이른 시기의 경질무문토기로 된 같은 형태의 토기의 표면에 타날문이 더해진 것으로서 그 기원은 당연히 경질무문토기 심발에 있는 것으로 생각된다. 필자는 경질무문토기로 된 심발형토기와 타날문이 있는 심발형토기를 구분하기 위해 표면에 타날이 되어 있는 것만을 '심발형토기'로 부를 것을 제안하였다(사진 21).

 이어서 필자는 이 토기의 재질이 장란형토기와 마찬가지로 모래 입자가 많이 섞인 태토로 만들어진 점이나 산화 소성되어 적갈색 연질을 띠고 있다는 점 등에 주목하여 불에 직접 닿는 용도였을 것이라 추정한 바(朴淳發, 1989) 있다. 모래 입자는 반복되는 가열과 냉각에 따른 열충격을 완화해주는 작용을 하기 때문에 장란형토기 등 불에 자주 닿아야

사진 21. 몽촌토성 출토 심발형토기

하는 자비용기(煮沸用器)에 적합한 재질이기 때문이다.

심발형토기는 백제 지역뿐만 아니라 신라 지역에서도 널리 사용되고 있으면서 주로 고분 출토품으로 많이 등장하고 있는 점이 일찍부터 주목된 바 있다. 이러한 분포의 광역성과 보편성에 주목한 김원용(金元龍)은 이 토기의 기원 및 기능에 대해 논급한 바(金元龍, 2000) 있다. 청동기시대의 늦은 시점인 송국리유형토기 가운데 매우 유사한 형태의 토기가 존재하고 그에 이어서 전남 해남(海南) 군곡리(郡谷里)나 삼천포 늑도(勒島) 등지에서 단면삼각형점토대토기로 이어지는 흐름에 유의하여 송국리유형 문화권에서 심발형토기가 탄생한 것으로 보았으며, 이것이 무슨 이유에서 신라 등 남한지역 전 지역으로 확산된 것으로 이해하였다. 그 기능은 무문토기 이래의 조리구(調理具)이지만 그것이 무덤에 자주 부장되는 것으로 보아 일종의 의기(儀器)였을 것으로 보았다. 그러한 성격의 심발형토기는 기원후 3~4세기에 남한전역으로 퍼졌다가 5세기 이후 갑자기 소멸되었다고 보았다.

김원용의 논고는 그 발표 시점은 2000년이지만 원고가 작성된 시점은 1989년이다. 따라서 후술하는 심발형토기의 변천을 통해 보게 될 것처럼 그러한 관점은 현재로서는 받아들이기 어려운 부분도 있으나, 원고 작성 당시로서는 매우 풍부한 시사점을 가지고 있던 탁견이라 하지 않을 수 없다. 사실 아래에서 자세히 언급할 심발형토기의 기원, 변천, 지역성 등에 대한 필자의 생각은 2001년도에 발표된 논문(朴淳發, 2001a)에서 정리된 것인데, 그것과 김원용의 논고 사이에는 기본적 관점 상에서 일맥상통하는 부분이 적지 않다. 유감스럽게도 필자가 논문을 작성할 그 무렵에는 아직 김원용의 논문을 알지 못하였다. 유고(遺稿)를 논문으로 간행하였기에 심발형토기에 대한 선생의 생각을 미처 헤아리지 못하기도 하였을 뿐 아니라 논문의 간기가 2000년 12월 30일로 되어 있었지만 배포를 통해 필자가 알게된 시점은 '심발형토기고'를 탈고한 다음이었기 때문이다. 필자에게 김원용 선생은 은사(恩師)이기도 하므로 심발형토기에 대한 선생의 생각이 필자의 그것과 크게 다르지 않다는 사실에 고무되는 바 매우 크다.

심발형토기의 용도는 전술한 바와 같이 취사 또는 조리용구임이 분명하다. 태토의 특징뿐 아니라 실제로 불을 받은 흔적이 확연한 출토품도 다수 발견되기 때문이다. 그런데, 심발형토기가 만들어지던 그 시기에는 장란형토기라는 보다 큰 자비용기도 제작 사용되었으므로 이들이 모두 음식 조리에 쓰였던 것이라면 이들 사이에는 구체적인 용도상의 차이도 있었을 것이다.

필자는 심발형토기가 패총(貝塚) 등 채집을 위해 비교적 단기간 숙영(宿營)하던 유적에서 많이 출토되고 있다는 점에 주목한다. 전북 군산(群山) 가도패총(駕島貝塚)은 사람들이 상시로 머물러 살기에는 매우 협소한 작은 섬인데, 여기에 형성된 패총에서는 단기 숙영과 폐기를 여러 차례 반복한 흔적이 퇴적층의 중복 관계를 통해 자세히 밝혀졌다. 이곳에서는 당시 일상적인 취락 유석에서 사용되던 다양한 토기들은 거의 보이지 않은 채 불을 심하게 받아 조리용으로 사용된 것이 분명한 심발형토기들이 다수 출토되었다. 짧은 기간의 숙영시에도 심발형토기는 조리도구로서 반드시 필요한 존재임을 잘 보여주는 자료이다. 이러한 점에서 심발형토기는 간이 또는 보조적인 조리도구의 일종으로 보고자 한다. 즉, 장기 채류하는 곳에서는 장란형토기와 같은 보다 큰 정식 조리도구가 사용되나 짧은 숙영이나 잦은 이동이 수반되는 경우 취사 또는 조리용기는 심발형토기였을 것이라 보는 것이다. 물론, 일상적인 취락 내에서도 심발형토기는 조리용기로 사용되었을 것인데, 이 경우 장란형토기에 대한 보조적인 용기였을 것이다. 이는 오늘날 주방의 냄비와 같은 존재에 비견될 수 있을 것이다.

한편, 심발형토기는 그 출현 이후부터 무덤의 부장품 가운데 필수품으로 등장하고 있다. 특히, 중서부지역에서는 원삼국시대의 이른 시기의 경질무문토기에 이어 줄곧 심발형토기가 부장품으로 사용되고 있으며, 이러한 양상은 백제의 중심지역 서울 석촌동·가락동 고분군에서도 확인되고 있다(그림 9 참조). 석촌동 3호 적석총 동쪽에 위치한 고분군 조사 결과를 보면 심발형토기는 원삼국시대부터 호(壺)와 함께 부장되며, 백제 국가 성립 이후에도 직구단경호와 같은 매우 특징적인 한성시기 백제 양식의 토기 호와 함께 부장되고 있다. 이처럼 무덤 부장품으로 자주 발견되기에 김원용은 전술한 바와 같이 심발형토기를 일종의 의기로 간주하기도 한 것이다.

그러나, 필자는 심발형토기 그 자체는 실생활에서 분명히 조리용구로 사용되는 것이며, 그러한 까닭에 사후 세계에서도 사자(死者)의 취사를 위해 이를 부장한 것으로 이해하는 것이 적확하다 여긴다. 무덤 속에 부장되는 물건들은 생시에 실생활에서 필수품으로 여겨지는 것 가운데 가장 기본적인 것을 상징화한 것이라 볼 수 있다. 사람의 생활 속에서 식생활은 잠시라도 중단할 수 없는 필수 불가결한 부문이다. 그러므로 부장품 가운데는 식생활을 영위하는 데 반드시 필요한 물건들이 포함되지 않는 경우는 찾아보기 어렵다. 선사나 고대 사회의 경우 당시 식생활과 관련된 것이 무엇인지를 가려내는 것 자체가 어려운 문제가 되기도 하지만, 더욱 분명하게 파악할 수 있는 후대의 예로 보면 이러한 점은 명확하다. 예를 들면, 나말여초 이래 조선시대에 이르기까지의 무덤들의 부장품목에는 술이나 물을 담을 수 있는 병과 함께 밥그릇, 숟가락, 젓가락 등이 필수로 등장한다. 따라서, 역으로 무덤 속에 반드시 들어가는 부장품의 품목을 통해 그 시대의 식생활에 필요한 도구가 무엇인지를 파악해도 좋다고 할 수 있다.

좀 이른 시기의 상황이지만, 고인돌이나 석관묘 등 청동기시대 무덤에는 흔히 '홍도(紅陶)'라 부르는 적색마연토기 호가 포함된다. 이 토기의 용도에 대해 그간 의기(儀器) 즉, 실생활에서의 쓰임새보다는 무엇인가의 의례에 쓰이는 것이라는 생각이 많았으나, 필자는 이와 생각이 다르다. 필수 부장품이라는 점으로써 홍도는 당시 청동기시대 사람들의 식생활에 반드시 필요한 품목 가운데 하나라는 것을 알 수 있기 때문이다. 이점은 전술한 가도패총 조사에서도 잘 드러나고 있다. 가도패총은 심발형토기만 나오는 것이 아니라 청동기시대 층에서는 적색마연토기가 매우 많이 출토되었다. 원삼국시대나 백제시대와 마찬가지로 청동기시대 사람들도 이 섬에 항시 거주한 것은 아니었음에도 불구하고 다른 토기에 비해 적색마연토기의 수량이 압도적으로 많았다. 이는 결국 청동기시대의 적색마연토기는 후대의 심발형토기와 마찬가지의 기능을 가지고 있었다는 것을 알게 하는 것이다.

이상으로써 심발형토기의 쓰임새를 충분히 짐작할 수 있으리라 여기지만, 요컨대 심발형토기는 보통의 취락 생활에서는 장란형토기와 같은 자비용기에 보조적인 취사 또는 조리용구인 한편으로 여행이나 짧은 숙영 등의 경우에는 간편히 휴대하는 마치 오늘날의 등산 및 야영장비 품목에 필수품인 '코펠'과 같은 존재이다.

5) 심발형토기의 변천

심발형토기의 변천 양상은 앞서 이미 살펴 본 장란형토기와 마찬가지로 표면 처리 문양의 차이와 기형상의 변화와 함께 기종(器種) 구성에서도 비교적 잘 나타나고 있다. 표면 처리는 승문을 타날한 후 횡선을 돌린 것(승문+횡선)이나 승문, 그리고 평행선문으로 된 이른바 승문계(繩文系)와, 격자문계(格子文系)로 구분할 수 있는데, 장란형토기의 경우에서처럼 지역적인 차이가 잘 나타나고 있다(사진 22).

(1) 심발형토기 문양의 지역성

승문계는 현재까지 알려진 자료로 보는 한 이른 시기의 것은 모두 한

사진 22. 호남지역 출토 격자타날심발형토기

강유역에서만 확인된다. 강원도 춘천(春川) 중도(中島), 횡성(橫城) 둔내
(屯內), 서울 풍납토성(風納土城) 내부 유적 등이 그 예들로서, 주로 원
삼국시대의 이른바 중도유형문화(中島類型文化) 분포지역과 밀접한 관
련성을 보이고 있다.

　격자계는 중도유형문화지역을 제외한 여타 중서부지방 및 호남지방
에 걸쳐 광범위하게 분포하고 있다. 그런데, 몽촌토성에서도 격자계 심
발형토기가 확인된 바 있으나 이는 중서부지역 등의 격자계 심발형토
기가 유입된 것일 가능성이 크다. 몽촌토성은 풍납토성과 함께 백제의
도성을 구성하는 성이었으므로 백제 영역에 편제된 여러 지방으로부터
반입된 토기들이 존재할 수 있다. 격자계 심발형토기가 확인된 유적들

을 북쪽에서부터 차례로 열거해 보면, 경기도 파주(坡州) 주월리(舟月里), 화성(華城) 당하리(堂下里), 충남 천안(天安) 두정동(斗井洞), 장산리(長山里), 용원리(龍院里), 충북 청주(淸州) 송절동(松節洞), 신봉동(新鳳洞), 청원(淸原) 송대리(松垈里), 대전 구성동(九城洞), 전북 김제(金堤) 심포리(深浦里), 전남 승주(昇州) 대곡리(大谷里), 낙수리(洛水里), 광주 쌍촌동(雙村洞) 여수(麗水) 미평동(美坪洞), 무안(務安) 양장리(良將里) 등이다. 이들은 모두 원삼국기의 마한 지역에 해당된다는 공통점을 가지고 있다.

심발형토기의 표면 처리 문양상의 승문계와 격자문계의 이러한 지역적인 분포 정형은 각각 한강유역 중도유형문화와 중서부 이남지역의 원삼국문화와 대응되는데, 전자는 예계(濊系) 문화와 관련되며, 후자는 넓은 의미의 마한 문화로 이해되고 있다. 『삼국사기(三國史記)』 백제본기 등에 따르면 당초 백제 건국 주도 세력은 마한의 동북 변방에 자리잡은 것으로 기록되어 있는데, 지금까지 드러난 고고학 자료로 보면 백제 발상지 서울 일원은 본래 예계 종족의 영역에 해당한다 할 수 있다. 다시 말하면, 백제의 기층 문화는 고고학적으로는 중도유형문화에 해당되며, 종족적으로는 예계 문화와 밀접하다.

한강유역의 승문계 심발형토기는 장란형토기의 경우와 마찬가지로 이후 격자계 심발형토기 분포 지역으로 확산되는 양상을 보이고 있다. 위에서 예로든 것처럼 격자계 심발형토기가 출토된 화성 당하리 유적은 마하리 고분군과는 바로 인접하고 있으나, 마하리 고분군에서는 격자계 심발형토기는 보이지 않은 채 승문계 일색이다. 시기적으로 당하리 유적이 마하리 고분군에 비해 약간 이르기 때문에 이러한 양상은 결국 당하리 유적 시기의 재래 격자계 심발형토기가 마하리 고분군 시기에 들어와 승문계로 바뀌었던 사정과 관련이 있을 것이다.

마하리의 승문계는 처음 승문+선이 주류를 이루다가 점차 승문 중심으로 옮겨진다. 승문계가 풍납토성이나 몽촌토성 등 백제의 중심지로부터 수용되었음은 물론이므로, 승문+선 → 승문으로의 그러한 변화 경향은 백제의 중심지에서부터 진행되고 있었던 것이다. 실제로 그러한 변화는 석촌동 3호분 동쪽 고분군에서도 나타나고 있는데, 최근의 세부 상대편년 결과(金成南, 2000)에 따르면, 대략 4세기 초경에 승문이 확인된다. 승문+선으로 처리된 심발형토기는 이후 승문과 공존하다가 대략 4세기 중엽경에 이르면 소멸된다.

서울지역에서 얼마간 떨어졌으나 역시 같은 한강유역군으로 분류될 수 있는 원주 법천리(法泉里)에서는 4세기 중엽경으로 비정되는 시기에 승문+선과 승문이 공반되고 있는데, 이는 마하리 고분군으로 대표되는 경기 남부지역에서 보이는 변화 경향과 일치된다.

마하리 고분군에서의 승문계 심발형토기가 등장하는 배경은 물론 서울지역에서 백제가 국가 단계로 성장하고 있던 사정과 밀접한 관련을 가지고 있을 것이다. 따라서, 마하리 고분군에 승문계가 등장하는 양상으로 미루어 볼 때 대략 3세기 후반경에는 대략 경기 남부지역이 백제의 영향권으로 편입되었을 것으로 이해된다. 이후 승문계는 더욱 남쪽

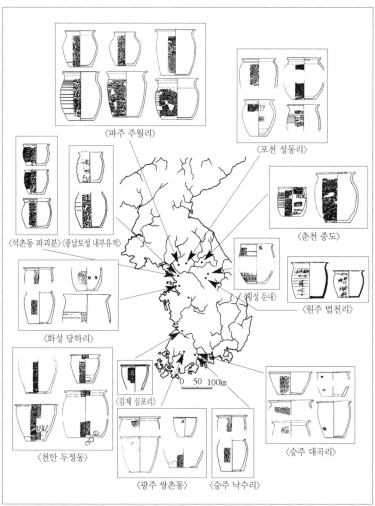

〈파주 주월리〉

〈포천 성동리〉

〈석촌동 파괴분〉〈풍납토성 내부유적〉

〈춘천 중도〉

〈화성 당하리〉

〈횡성 둔내〉

〈원주 법천리〉

〈천안 두정동〉

〈김제 심포리〉

0 50 100km

〈승주 대곡리〉

〈광주 쌍촌동〉 〈승주 낙수리〉

그림 12. 심발형토기 지역 분포 양상

으로 확산되어 4세기 전반 늦은 시점에는 천안 용원리 고분군에서도 승문+선 및 승문이 나타나고 있다.

　심발형토기가 호남지방으로 확산되는 시점에 대해서는 아직 자료가 많지 않으나, 부안(務安) 양장리(良將里) 94-20호 주거지 출토예나 나주(羅州) 복암리(伏岩里) 2호분 주구 출토예 등으로 보면 일단 5세기대로 판단된다. 중서부지방에서 승문계 심발형토기가 등장하는 시기가 백제의 진출과 밀접한 관련이 있음은 위에서 이미 본 바와 같으므로 영산강

표 2. 중서부지역 경질무문심발 및 타날문심발형 토기의 표면처리 변천양상승문계

유적	경질무문심발	타날문 심발형토기		
		격자문	승문+횡선	승문(평행타날)
천안청당동	(100%)			
오창 삼평리	(100%)			
오창 송대리	(89%)	(11%)		
청주 송절동	(83%)	(17%)		
화성 마하리			(61.2%)	(38.8%)
천안 용원리		(41.2%)	(4.4%)	(54.4%)
청주 신봉동		(37.1%)		(62.9%)

유역에서 승문계 심발형토기가 등장하는 시기 역시 그러한 맥락에서 이해될 수 있을 것이다.

영산강유역은 대략 5세기 중엽 무렵까지 반남고분군(潘南古墳群) 조영 집단을 중심으로 일정한 수준의 지역 통합력을 유지한 채 한성 백제와 지배적 동맹관계를 유지하고 있었으나, 백제 남천 이후 그러한 통합력은 붕괴되면서 각 지역 세력들이 일시적으로 정치적 독자 노선을 추구하기 시작하는데 이 무렵이 바로 전방후원분(前方後圓墳)의 등장 시기이다. 반남 세력의 통합력 상실은 물론 남천한 백제가 시도한 반남 세력 무력화 정책의 결과이며, 이 때 새로 등장한 연계 파트너가 바로 96 석실분 피장자로 대표되는 복암리 고분군 조영 집단이었을 것으로 이해될 수 있다(朴淳發, 2001d). 이러한 당시의 역사적 상황을 감안할 때 영산강유역에서 승문계 심발형토기가 등장하는 시점은 좀더 구체적으로 5세기 후반경으로 비정할 수 있겠다.

이처럼 승문계 심발형토기의 공간적 확산과 그에 따른 마한제지역의 격자계 심발형토기의 소멸이라는 정형성은 한강유역에서 성장한 백제의 영역 확대 과정과 밀접하게 연계되어 있음이 새롭게 드러났다.

(2) 심발형토기 기종 구성의 변화

심발형토기의 선행 기종인 경질무문토기심발 및 심발형토기 250여 개체를 대상으로 기종 구성의 양상을 살펴보기로 하자. 이를 위해 우선, 그릇 전체의 크기를 잘 반영하는 입지름[口徑]과 전체 그릇 높이[器高]

등의 요소를 대상으로 분석하였다. 그리고, 그릇의 몸체 모양을 보여주는 지표로서는 전체 높이에 대한 최대동경 즉, 그릇 몸체 가운데 가장 넓은 곳의 상대적 위치와 함께 그릇 바닥의 지름[底徑]과 입지름 또는 목지름의 상대비율 등을 살펴보았다. 최대 동경의 상대적 위치는 바닥에서부터 최대 동경이 위치한 지점(어깨높이라 할 수 있으며, 간략하게 '肩高'로 부른다)까지의 높이를 전체 높이로 나눈 값, 즉 견고/총고로 산출할 수 있다. 이를 간략하게 '견고비(肩高比)'로 부른다. 그리고 바닥 지름에 대한 목지름의 상대값은 바닥 지름 저경/목 지름의 값이 되는데, 편의상 이를 '동비(胴比)'라 한다.

이렇게 산출된 값을 통하여 심발형토기의 형태를 짐작할 수 있는데, 예를 들어 견고비가 0.5이면 최대 동경의 위치가 전체 높이의 한 가운데에 있음을 의미한다. 이러한 견고비의 값은 항상 0보다 크고 1보다 같거나 작은 값으로 나타날 것이다. 한편, 동비의 값이 1이면 바닥 지름이 목 지름과 같은 형태를 의미하고, 1보다 작으면 바닥 지름이 목 지름보다 작은 위가 넓고 아래가 좁은 형태, 1보다 크면 반대로 위가 좁고 하래가 넓은 형태를 나타내는 것이 된다.

그러면, 경질무문토기심발의 기종 구성을 먼저 보기로 한다. 중서부 지역 원삼국시대 분묘 출토품을 대상으로 한 분석 결과 소형(Ⅰ군)과 대형(Ⅱ군) 등 2개의 기종으로 구분할 수 있으며, 시기적으로는 대체로 대형이 소형보다 먼저 유행하였던 것으로 이해된다.

다음, 격자문이 타날된 심발형토기도 소형(Ⅰ군)과 대형(Ⅱ군)으로 구분되는데, 소형은 다시 2개의 작은 그룹으로 나눌 수 있다. Ⅰa군과 Ⅰb 군이 그것인데, 이들은 각각 앞의 경질무문토기심발의 소형과 대형에 대응되는 것이다. 이러한 양상으로 보아 중서부지역의 경우 경질무문 토기심발에서 격자문 심발형토기로 변화되는 무렵의 심발형토기의 기 종은 소형(Ⅰ군)이었으며, 이후 대형(Ⅱ군)이 등장하는 것임을 알 수 있 다.

승문계 심발형토기는 소형(Ⅰ군), 중형(Ⅱ군), 대형(Ⅲ군) 등 대략 3개 의 기종으로 구분이 가능하다. 격자문 심발형토기에 비해 대형이 새로 이 추가되고 있으나, 소형과 중형이 각각 격자문 심발형토기의 소형과 대형에 대응되는 것은 아니다. 격자 심발형토기의 소형과 대형의 경계 가 되는 크기가 승문계 심발형토기 중형 그룹의 중간치에 해당되고, 승 문계 심발형토기 소형과 중형의 경계에 있는 크기 또한 격자 심발형토 기의 소형 그룹 내부에 위치하고 있다. 이는 결국 격자계와 승문계가 각각 다른 기종 개념을 가지고 있었음을 말해주는 것이다. 다시 말하 면, 제작 집단이 같지 않다는 것인데, 이는 전술한 바와 같이 두 문양 집단이 그 지역적 분포를 서로 달리 하고 있는 현상과 맥락을 같이 하 는 것이다.

승문계의 소형, 중형, 대형 기종 사이에는 시기적 선후 관계가 있다는 사실도 확인된다. 이는 심발형토기 이외의 토기들을 대상으로 분석한 편년연구(金成南, 2000)와 심발형토기의 기종 분포를 대비해본 결과를 통해 알게 되었다. 그 내용은 〈표 3〉을 통해 잘 알 수 있을 것이다. 이

표 3. 청주 신봉동 고분군 출토 승문계 심발형토기 각 기종의 분포 양상
  (金成南, 2000의 시기구분과 심발형토기의 기종을 대비한 것임.)

기종 \ 분기	Ⅰ기	Ⅱ기 전반	Ⅱ기 후반	Ⅲ기 전반	Ⅲ기 후반	계
Ⅲ군(大型)		1				1
Ⅱ군(中型)	3	4	1	1		9
Ⅰ군(小型)	1	10	4	9	9	33
계	4	15	5	10	9	43

른 단계에 속하는 유구 출토품은 Ⅲ군과 Ⅱ군이 주류를 이루는 데 비해 늦은 시기 유구에서는 Ⅰ군의 빈도가 우위를 점하고 있다.

  승문계 가운데 승문+선으로 된 것과, 승문 및 평행선문으로 된 것 사이에는 얼마간의 시기적인 차이가 감지된다. 그러한 점은 우선, 분묘군의 축조 시점이 서로 다른 것으로 판단되는 마하리, 용원리, 신봉동 등에서 표면 처리 방식별 심발형토기의 분포가 다를 뿐 아니라 마하리 유적처럼 승문계 일색의 한 유적 내에서도 시기별 그들 각각의 상대빈도에 차이가 관찰되기 때문이다. 마하리 유적의 각 시기별 서로 다른 표

표 4. 마하리 고분군 출토 승문계 타날 심발형토기 표면처리 변천양상
  (金成南, 2000의 마하리 고분군 시기구분에 심발형토기의 표면처리 방식을 대비한 것임.)

문양 \ 분기	Ⅰ기	Ⅱ기	Ⅲ기	Ⅳ기	계
승문+선	9	10	6	1	26
승문	1	4	5	4	14
계	10	14	11	5	40

면처리 방식의 빈도는 〈표 4〉처럼 나타난다. 이를 보면 승문타날 후 횡선을 두른 것이 승문 및 평행타날보다 이른 시기에 유행하고 있음을 알 수 있다.

(3) 심발형토기의 변천 단계

한강유역군 승문계 심발형토기의 정확한 등장 시점은 아직 직접적인 자료는 없으나 아래에서 보는 바와 같이 중서부 이남의 격자계 심발형토기의 출현인 3세기 전반경과 큰 시차가 있었을 것으로 보기는 어렵다.

한강유역 승문계 심발형토기의 기종 변천 양상은 처음 승문+선 단계에서는 중형(Ⅱ군)이 주류를 이루다가 승문 단계에 오면 중형(Ⅱ군)과 더불어 소형(Ⅰ군)이 새롭게 나타난다. 마하리 고분군 출토품이 승문+선과 승문·평행선문으로 구성되어 있으면서 기종은 중형(Ⅱ군)과 대형(Ⅲ군)으로 되어 있는 양상은 곧 한강유역군의 특징을 잘 나타내고 있다. 이후 중서부지역의 천안 용원리나 청주 신봉동 고분군 단계에 오면 그러한 대형 기종은 점차 소형(Ⅰ군) 중심으로 바뀌고 있는데, 그러한 소형은 승문·평행선문이 나타나는 석촌동 3호분 동쪽 고분군의 늦은 단계에서도 확인되고 있다.

격자계 심발형토기 가운데 초현기 즉, 경질무문토기심발에 곧이어 등장하는 것으로는 청주 송절동 6호묘 출토품과 전북 김제 심포리 출토품 등을 들 수 있다. 이들은 모두 3세기 전반~중엽경으로 비정될 수 있는데, 그 근거는 이러하다. 앞 장 '백제토기 형성 과정'에서 살펴 본 것처럼 송절동 출토품은 대경호(帶頸壺)와 함께 나왔는데, 이러한 대경호는 부산의 동래패총에서, 3세기 중후반의 대략 260년경을 전후한 무렵의 일본 '하지키'계 토기와 함께 출토되고 있다(그림 6 참조). 그리고, 대략 200년경을 전후한 시기에는 아직 심발형토기가 등장하지 않았음은 미사리 한양대 조사 A-1호 출토 방제경과 함께 나온 토기들로서 알 수 있었다.

아무튼, 송절동과 김제 심포리 출토품은 기종 분류상으로 보면 소형에 해당되며, 이는 경질무문토기심발의 소형(Ⅰ군) 가운데 Ⅰb 그룹에 포함될 수 있다. 격자계 심발형토기는 3세기 전반경 경질무문토기심발 소형의 Ⅰb군의 기종에서 파생된 것으로 볼 수 있으며, 그보다 큰 대형(Ⅱ군)은 시기적으로 약간 늦게 등장하는 것이다.

한강유역에서 심발형토기가 출현하는 시기에 대한 문제는 풍납토성 등의 백제성의 축조 시점 비정과 직결되는 문제이기도 하다. 여기서 이에 대해 잠시 짚고 갈 필요가 있다. 일부 연구자 또는 발굴자들에 의해 풍납토성의 축조 시점은 기원전으로 올려 볼 수 있으며, 그것은 곧 『삼국사기』 백제본기 등의 기록과도 잘 부합된다는 주장이 제기된 적이 있다. 그리고 그러한 연대 추정의 근거로써 방사성탄소연대 등 일견 과학적 방법을 적용한 결과를 제시하고 있다. 방사성탄소연대가 어떤 것인가에 대해 자세히 거론할 여유는 없지만, 연대 측성의 시료로 사용될 수 있는 자료는 한 때 대기 속의 탄소를 신진대사 과정에서 교환하다가 생명이 정지되면서 더 이상 대사작용이 없어진 생물체의 잔존물이라는 점이다. 다시 말하면, 특수한 경우를 제외하면 우리가 알고자 하는 고고학적 사상(事象)의 시기와 연대측정에 사용된 시료가 같은 것임을 전제할 수 있어야 한다. 그리고, 그러한 시료에 의해 측정된 연대값은 확률적 의미를 가지고 있다는 점을 잊지 말아야 한다. 측정결과는 대개 일정한 오차범위와 함께 시료에 의해 추정된 연대값이 그 범위에 해당될 확률이 95% 또는 68% 등으로 제시된다. 그러므로, 당연히 동일 시료를 대상으로 한 측정 결과가 많으면 많을수록 시료로 사용된 한 때의 생명체의 실제 사망 시점이 측정결과 연대값의 범위에 포함될 확률이 그만큼 높아진다. 보통 단일 시료에 대한 복수의 측정 결과가 있을 경우 이들 각 연대 범위가 겹치는 부분을 취하기도 한다. 아무튼, 이러한 방사성탄소연대의 성격을 이해한다면 풍납토성 발굴자들에 의해 제시된 연대 및 그를 그대로 받아들여 고고학적 추론을 진행하는 일부 연구자들의 태도는 지극히 무책임하고 위험하다. 유적의 연대를 올리는 행위 그 자체가 우리 역사와 문화를 아끼는 것이 결코 되지 못함은 물론이지만, 세계에는 각기 다양한 역사와 문화를 가진 여러 민족 또는 국가들이 공존하고 있으므로 근거가 분명하지도 않은 자료를 토대로 자기중심적 역사관을 제시하는 것은 우리가 이웃 나라에 대해 경계하고 우려하는 역사왜곡을 스스로 행하는 셈이다.

그렇다면 차제에 풍납토성의 축성 시점에 대해 여기서 잠시 언급하고자 한다. 성곽 절개부의 축조 구지표면에 해당하는 지점에서 출토된 승문+선 심발형토기를 근거로 토성의 축성 시점을 2세기대를 넘지 않을 것으로 비정한 견해가 제기된 적 있다. 위에서 검토해온 바와 같이 한강유역군 승문계 심발형토기 가운데 승문+선은 그 출현 시점이 적어도 3세기대이며, 보다 구체적으로 3세기 전반경까지는 올라갈 수 있을 뿐이므로 이 견해는 성립하기 어렵다. 이 단계는 아직 경질무문토기가 함께 사용되던 때로 토성 내부에서 확인된 3중 환호에 의해 둘러싸인 취락이 존속하던 때이기도 하다. 환호취락이 폐기된 후 토성이 축조된 점은 두말할 필요 없지만 그 사이의 시차를 알 수 있는 단서는 아직 확실치 않다. 그러나 현 시점에서 분명히 말할 수 있는 것은 풍납토성의 축조 시기는 아무리 올라가도 결코 축조 구지표면에서 나온 승문+선으로 처리된 심발형토기의 제작 및 사용 시점을 소급할 수 없으며, 그 상한 연대는 3세기 전반이라는 것이다. 필자가 풍납토성 축조시기를 3세기 중엽경 또는 후반으로 보는 까닭은 바로 이 때문이다.

아무튼, 심발형토기의 문양 및 기종 구성 등을 종합하여 그 변천 과정을 정리하면 다음과 같은 6단계로 요약할 수 있다.

Ⅰ단계 : 한강유역에서 승문계 타날심발형토기가 초현하는 단계로서, 한강유역에서는 승문+횡선으로 된 것만 있으며, 중서부지방 및 호남지방에는 격자계 심발형토기가 처음으로 나타난다. 격자계 타날문토기의 기종은 소형(Ⅰ군)만 존재한다. 이 단계는 역연대(曆年代)상으로 대략 기원후 200~250년 무렵에

해당된다.

Ⅱ단계 : 한강유역 승문계의 승문+선 심발형토기 제작 기법이 경기도 남부지역 등 중서부의 북부지역으로 확산되면서 그 지역 토착의 격자계 심발형토기가 소멸된다. 그러나, 충청지역 등 중서부 남부 및 호남지역 등에서는 여전히 격자계가 지속되고 있다. 역연대는 대략 기원후 250~300년의 범위에 해당된다.

Ⅲ단계 : 한강유역 및 중서부 북부지역에서 승문심발형토기가 처음으로 등장하여 기존의 승문+선과 공존하는 단계이며, 중서부 남부 및 호남지방에서는 격자계가 지속된다. 역연대는 대략 기원후 300~350년의 범위에 해당된다.

Ⅳ단계 : 한강유역 및 중서부 북부지역에서 승문+선이 소멸되어 승문 일색으로 되며, 중서부 남부지역에서는 승문+선과 함께 승문이 새로이 등장하면서 기존의 격자계와 공존한다. 승문계 심발형토기의 기종 구성은 중형(Ⅱ군)과 대형(Ⅲ군)이 주류를 점하고 있으며, 격자계 역시 이들의 영향으로 새로이 대형(Ⅱ군)이 등장하여 기존의 소형(Ⅰ군)과 공존한다. 그러나 호남지방은 여전히 격자계만이 지속되고 있다. 역연대는 대략 기원후 350~400년 범위에 해당된다.

Ⅴ단계 : 한강유역 및 중서부지방에서는 승문계의 소형(Ⅰ군) 기종이 보편화되고, 격자계는 이 단계를 마지막으로 소멸된다. 그러

나 영산강유역에서는 아직 격자계가 지속된다. 역연대는 대략 400~450년 범위이다.

Ⅵ단계 : 영산강유역에도 승문계가 등장하면서 격자계는 완전히 자취를 감추는 단계이다. 역연대는 대략 기원후 450~500년의 범위 이후에 해당된다.

표 5. 심발형토기 문양 및 기종 구성의 변천(Ⅰ, Ⅱ, Ⅲ 등은 기종군을 의미함.)

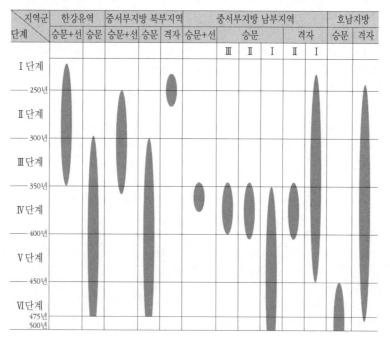

이를 요약한 것이 〈표 5〉이고, 기형을 포함하여 종합한 것이 〈표 6〉이다.

표 6. 심발형토기 종합 변천 양상

단계	한강유역	중서부 북부지역	중서부 남부지역	호남지방
I	승문+선 : Ⅱ군 기종 (구경 12~18, 총고 12~20cm 견고비 0.5~0.8, 동비 0.8~1)	격자 : I군 기종 (구경 9~16, 총고 6~13cm 견고비0.6~0.9,동비 0.5~0.8)	격자 : I군 기종 (구경 9~16, 총고 6~13cm)	격자
Ⅱ	승문+선 : Ⅱ군 기종	격자 소멸 승문+선 출현 : Ⅱ군 기종 및 Ⅲ군 기종 (구경21~24, 총고 21~26cm)	격자 : I군 기종	격자
Ⅲ	승문+선 지속 승문 출현 I,Ⅱ단계와 동일 기종	승문+선 승문 출현 Ⅱ, Ⅲ군 기종	격자 : I군 기종	격자
Ⅳ	승문+선 소멸 승문 지속	승문+선 소멸 승문 지속	승문계(승문+선,승문) 출현 : Ⅱ,Ⅲ군 기종 격자 : Ⅱ군 기종 등장 (구경 19~20, 총고 15~20cm)	격자
Ⅴ	승문 지속 : I군 기종	승문 지속 : I군 기종	승문 : I군 기종 (구경 8~14, 총고 5~12cm) 격자 : I군 기종	격자
Ⅵ			격자 소멸 승문 : I군 기종	승문 출현 격자 점차 소멸

백제토기 주요 기종 및 그 변천

1. 배식기류

1) 완

완(盌)은 입지름[口徑]이 10~15㎝ 정도이고 높이는 입 지름에 절반 이하이면서 바닥이 편평한 일련의 토기를 말한다(사진 23). 그 형태로 보아 음식을 담아 먹는 배식기(配食器)임을 알 수 있다. 현재까지 한강유역 및 충청지역을 중심으로 하는 중서부지역(中西部地域) 등에서 알려

사진 23. 몽촌토성 출토 완

진 자료들을 보면, 완은 대략 3가지의 서로 다른 부류로 나눌 수 있다.

첫째, 구경의 크기에 비해 바닥 지름(底徑)이 훨씬 작아서 대부분 구경의 1/2에 미치지 못하는 것들이다. 그리고 구연은 나팔처럼 크게 밖으로 벌어진다(편의상 A형이라 함). 이들은 거의 대부분 경질무문토기(硬質無文土器)로 되어 있어 다음의 2가지 부류에 비해 시기적으로 앞선다. 그 시작은 기원전 300년경의 초기철기시대 점토대토기(粘土帶土器)와 함께 하지만, 주로 기원전 100년 이후 원삼국시대에 유행한다.

둘째, 구경 대비 높이는 대체로 앞의 A형과 크게 다르지 않으나 바닥이 훨씬 넓어져 안정감이 있는 부류이다. 그릇 벽의 윗부분이 구연부와 연결되는 지점이 밖으로 꺾여 굴곡이 지며 구연부의 끝도 밖으로 벌어진 형태이다. 토기의 재질은 앞의 A형과 같은 경질무문토기로 된 것도 있으나, 바탕흙이 정제되고 표면색이 회색 혹은 흑색을 띠는 이른바 회흑색무문양토기질로 된 것이 많다(편의상 B형이라 함).

셋째, 구경에 비해 높이가 훨씬 낮으면서 구연부의 끝이 외반되지 않은 부류로서 토기질은 회색 연질 또는 회청색 경질로 되어 있다(C형이라 함).

이처럼 3가지로 대별되는 완의 각 형태들은 그 유행 시기상으로 일정한 정형성이 드러나는데, 편의상 4시기로 구분하여 각 시기별 완의 형태군의 변천을 관찰해보면 〈표 7〉과 같다.

여기서 말하는 1기는 기원전 100~기원후 3세기 전반경까지로서 아직 백제가 국가 단계로 성장하기 이전의 원삼국시대에 해당된다. 2기는 3

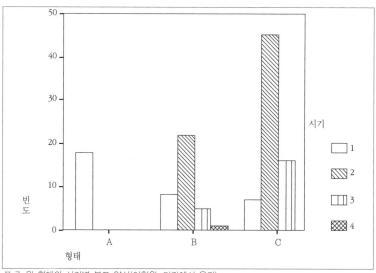

표 7. 완 형태의 시기별 분포 양상(이형원, 미간에서 옮김)

세기 후반부터 350년 이전까지로 필자의 백제토기 편년안으로 보면 한성 Ⅰ기와 같다. 3기는 4세기 후반부터 한성 함락 시점인 475년까지로 한성 Ⅱ기에 해당되며, 마지막 4기는 대체로 웅진기(475~538년)에 해당된다.

〈표 7〉을 보면 A형은 원삼국시대에 유행하다가 백제 성립 이후에는 소멸되고 있음을 알 수 있다. B형과 C형은 백제 성립 이후에도 지속되지만 그 유행 시기로 볼 때 B형이 C형에 비해 상대적으로 이른 것임을 짐작할 수 있다.

한편, B형과 C형 완의 등장 배경에 대해서는 아직 분명하지 않은 점

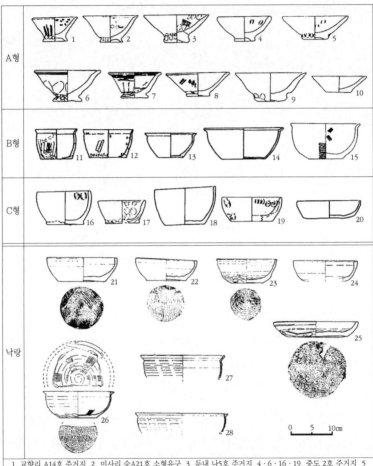

A형	
B형	
C형	
낙랑	

1. 교향리 A14호 주거지 2. 미사리 숭A21호 소형유구 3. 둔내 나5호 주거지 4·6·16·19. 중도 2호 주거지 5·10. 중도 1호 주거지 6·7. 미사리 한A1호 주거지 9. 교향리 A8호 주거지 11·12. 장산리 2호 주거지 13. 구성동 C1/호 주거지 14. 구성동 D5호 주거지 15. 교향리 A33호 주거지 17. 풍납토성 IV층 구 18. 풍납토성 가-3호 환호 20. 풍납토성 가-2호 환호 21~27. 낙랑토성지

그림 13. 백제지역의 완과 낙랑토성지 출토 완(이형원, 미간에서 옮김)

이 있으나, 낙랑토성(樂浪土城) 출토품과 형태적으로 유사한 점이 많은 것이 주목된다(그림 13 참조). 최근 경기도 화성군 기안리(旗安里), 시흥 오이도(烏耳島), 가평 달전리(達田里) 등지에서 낙랑토기가 출토되고 있는 점으로 보아 낙랑 지역으로부터의 주민의 이동 등에 수반되어 그 영향을 받았을 가능성이 있다. 이러한 점은 앞 장 '백제의 부엌과 취사용기'에서 이미 보았던 심발형토기 및 장란형토기 등의 취사용 토기들의 등장에 낙랑토기의 영향이 있었던 점과 같은 맥락으로 이해될 수 있다.

B형과 C형 완의 차이는 위에서 이미 말한 것처럼 기벽의 높이에 있다. B형은 그릇 벽의 높이가 높아 C형에 비해 담기는 음식물의 양이 상대적으로 많다. B형이 C형에 비해 시기적으로 앞서는 것으로 볼 수 있으므로 결국 시간의 경과와 더불어 담는 음식의 양이 작은 완이 유행하는 것임을 알 수 있다. 이러한 양상은 뒤에서 보게 될 고배(高杯), 개배(蓋杯), 삼족기(三足器) 등에서도 공통되게 나타나는 것으로서 주목된다.

한강유역 및 중서부지역에서 보이는 이와 같은 완의 형태 변화 경향은 금강(錦江) 이남의 호남지역에서도 동일하게 나타난다. 이 점 역시 앞 장 '백제의 부엌과 취사용기'에서 보았던 심발형토기 및 장란형토기의 표면 처리 방식의 변천과 그것의 공간적인 분포와 같은 맥락이라 여겨진다. 즉, 심발형토기 및 장란형토기는 백제의 영역적 확대와 더불어 한강유역의 백제양식인 승문계(繩文系)가 중서부 이남지역의 토착의 격자문계(格子文系)를 대체해 나가고 있었다. 그러나, 심발형토기나 장란형토기 등의 취사용기와 더불어 완과 같은 배식기상의 변화가 백제의 남방으로의 영토 확대와 같은 정치적 또는 군사적인 변화와 구체적으로 어떻게 관련되어 있는지에 대해서는 장차의 연구를 필요로 한다.

토기는 의식주 생활 가운데 식생활과 관련되는 것임에도 불구하고 우리나라 삼국시대의 경우 각 국의 영토 변화와 밀접하게 연계되어 토기의 변화가 나타나고 있어 흥미롭다. 본디 백제의 영토이었던 곳에 신라가 진출하면서 토기의 형태도 신라토기로 대체되고 있으며, 백제가 새롭게 영토로 편입한 지역에서는 백제 양식의 토기가 등장하고 있다. 사람의 이동에 의해 그들의 식생활과 관련된 토기가 이동하는 것은 쉽게 이해될 수 있으나, 토착인들이 그대로 존속하고 있으면서도 정치적 또는 지방 통치 체제의 변화에 의해 지배 집단의 음식 문화와 관련된 토기에 변화가 나타나는 점에 대해서는 얼른 납득이 되지 않을 것이다.

아무튼, 고고학 자료상으로 보는 한 그러한 토기의 변화는 분명하게 관찰되므로 그 과정에 대한 설명은 장차의 연구를 기다려야 할 것이다. 위에서 설명한 완의 시기별 변천 과정을 요약하면 〈그림 14〉와 같다.

C형 완들은 대체로 4세기 후반경 이후 그 높이가 낮아지는 경향이 뚜렷한데, 이러한 양상은 혹 그 무렵 유입된 중국 동진제 청자 완의 영향과 관련이 있을 지도 모르겠다. 1987년도 몽촌토성 동북지구에서 동진제 청자 완이 출토된 바 있다. 그리고 웅진기에 들어 와서는 굽다리가 달린 대부완(臺附盌)이 보이고 있다. 이러한 대부완은 한성기 이래 유

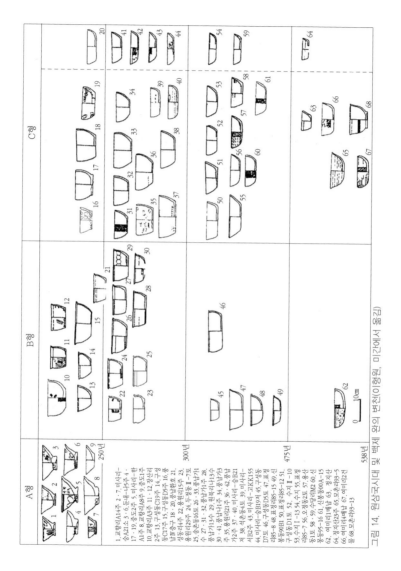

그림 14. 원삼국시대 및 백제 완의 변천(이형원, 미간에서 옮김)

사진 24. 부여 관북리 유적 출토 유개 대부완

입된 중국 청자 완(원색사진 32)을 모방하여 등장한 것으로 이해되고 있다. 웅진기의 늦은 시기인 6세기 전반경의 대부완들은 중국 청자 이외의 금속기 완을 모델로 제작된 것도 있는 것으로 보고 있다.

사비기에 들어오면서 대부완은 크게 유행하는데, 특히 7세기 이후의 늦은 시기에 들어 그러하다. 뚜껑에 보주형꼭지가 달린 유개 대부완은 사비의 왕실이나 귀족들의 반상기로서 널리 보급된 것으로 보인다 (사진 24). 이러한 대부완은 당시 중국에서 들어 온 동완(銅盌)과 밀접한 관련이 있을 것으로 보인다. 이와는 다소 형태가 다른 것으로서 받침이 있는 잔 즉, 탁잔도 사비기에 들어 나타난다. 무령왕릉에서 은제 탁잔(托盞)이 출토된 바 있어 그러한 금속기 탁잔의 영향으로 등장한 것으로 판단된다(이상 山本孝文, 2005 참조). 나주 복암리 1호분에서는 녹유(綠釉)가 입혀진 탁잔(원색사진 28)이 출토된 바 있다.

2) 고배

고배(高杯)는 굽이 달린 접시 모양의 토기 즉, 굽다리 접시이다. 백제,
신라, 가야 등 한반도의 남부지역에 자리한 삼국시대의 각국에서 이러
한 형태의 토기는 매우 보편적인 기종의 하나였으나, 고구려를 비롯한
북쪽 지역에는 아직까지 고배가 확인된 바 없어 대조를 이루고 있다.
한반도 남부지역 각국의 고배는 주로 굽다리의 형태상에서 고유한 모
습을 잘 보여주고 있다. 신라의 경우는 굽이 원통형에 가까우면서 네모
형태의 구멍을 뚫은 이른바 투창(透窓)이 있는데 비해 가야 고배는 굽
이 길어져 나팔모양을 하고 있다. 백제 고배는 신라, 가야의 고배에 비
해 굽이 높이가 훨씬 낮아 대략 2~5㎝ 가량이고 투창 장식이 없는 비교
적 단순한 형태이다.

지금의 우리들 눈으로는 백제의 고배는 신라나 가야에 비해 볼품이
없어 보일 수 있으나, 고배의 쓰임새가 본래 접시와 같은 배식기라는
점을 염두에 두면 굽이 낮고 모양이 단순한 백제의 고배는 신라, 가야
에 비해 진일보한 측면을 잘 보여주는 특징이기도 하다. 굽이 높은 고
배는 다리가 달린 반상(盤床) 위에 놓이는 것이 아니라 다리가 없는 목
판이나 바닥에 놓이기에 적합한 형태인데 반해 굽다리의 높이가 낮은
고배는 반상 위에 놓이는 것을 전제한 것이기 때문이다. 다시 말하면,
굽이 낮은 고배가 보편적인 백제 지역은 굽이 높은 신라, 가야 지역에
비해 반상이 일찍 발달하였을 것으로 볼 수 있다.

이러한 추정은 고구려 지역에 고배가 전혀 없는 점과 함께 고분벽화

등을 통해 잘 알 수 있듯 고구려에서는 반상이 보편화되고 있었던 사실을 통해 뒷받침될 수 있다. 신라나 가야 지역의 경우도 시간의 경과와 함께 점차 고배의 굽이 낮아지며, 대략 8세기 이후 통일신라시대에는 고배가 완전히 소멸되고 있는 점은 그러한 반상문화의 보급과 관련이 있을 것이다.

고배는 몽촌토성(夢村土城) 출토품을 기준으로 할 때 전체 한성기(漢城期 : 250~475년) 백제토기 가운데 약 13% 가량을 차지하고 있는 대표적 기종 가운데 하나이다. 최근까지 알려진 한성시기 백제 유적 가운데 고배가 출토된 곳은 몽촌토성, 풍납토성(風納土城)을 비롯한 도성지역의 중심지, 하남시 미사리(渼沙里), 용인시 수지(水枝) 등 주변의 취락유적 등이며, 무덤의 부장품으로 발견되는 예는 청주 신봉동(新鳳洞) 등 한성기에는 지방에 속하는 일부에 지나지 않는다. 이러한 출토 양상으로 보아 고배는 적어도 한성기의 중앙 지역에서는 무덤에 부장되지 않았으나 지방으로 확산되면서 부장되기도 하였던 것으로 이해된다. 신봉동 고분군에서 고배가 부장된 예는 2기에 불과한데, 그 시기는 대체로 5세기 2/4분기 이후로 판단된다. 여기의 고배는 삼족기와 함께 부장되어 있다.

고배는 뚜껑의 유무(有無)에 의해 크게 뚜껑을 덮지 않는 무개(無蓋) 고배(원색사진 2)와 뚜껑이 있는 유개(有蓋) 고배(원색사진 3)로 나뉜다. 실제 유적에서 뚜껑을 수반하는 여부에 관계없이 구연부의 아래 부분에 뚜껑을 받는 턱이 형성된 것을 유개 고배로, 그렇지 않은 것을 무

개 고배로 구분한다. 지금까지 알
려진 자료로 보면, 무개 고배가
유개 고배에 비해 먼저 등장한 것
으로 추정된다. 정확한 출현 시점
을 가늠할 수 있는 자료는 거의
없으나 한성시기에 등장하는 무
개 고배는 흑색마연토기(黑色磨研
土器)로 된 것이 가장 먼저 등장

사진 25. 풍납토성 출토 흑색마연토기 유개 고배

하고 있는 점으로(원색사진 2 및 사진 25 참조) 보아 대략 3세기 후반경
부터 시작되는 것으로 볼 수 있다. 흑색마연토기는 앞서 무개 고배의
기원은 앞 장의 '백제의 국가 형성과 백제토기의 등장'에서 보았듯이
칠기(漆器)와 밀접한 관련이 있는 것으로 이해되므로 무개 고배는 칠기
고배의 후신(後身)으로 추정된다. 무개 고배는 한성시기에는 그 재질이
흑색마연→회색 연질→회청색 경질 등으로 변천되면서 지속되고 있으
나 그 이후에는 점차 소멸된 것으로 판단된다.

  유개 고배 역시 구체적인 출현 시기를 한정(限定)하기가 어려우나, 여
러 연구자들의 공통된 의견은 대체로 4세기 전반경에는 이미 등장한 것
으로 보고 있다(金成南, 2004 ; 土田純子, 2004 ; 韓志仙, 2005). 유개 고
배 가운데 흑색마연으로 된 것도 있어 무개 고배와 큰 시차 없이 출현
하였을 가능성도 있다.

  유개 고배는 이후 웅진기(熊津期 : 475~538년), 사비기(泗沘期 :

538~660년)에 걸쳐 지속되고 있는데, 시간의 경과와 더불어 그 생김새의 변화가 관찰된다. 그에 대한 최근 연구 성과(土田純子, 2004)에 의하면, 기형(器形)의 변화는 배신(杯身) 즉, 고배의 몸체와 대각(臺却) 즉, 굽다리 등 두 부분에서 잘 나타난다. 그 내용을 요

사진 26. 몽촌토성 출토 금강유역계 고배

약하면 배신의 경우 한성기에는 움이 깊은데 비해 이후 시간의 경과와 더불어 점차 얕아지는 경향이 있다. 대각의 변화는 전체 높이가 낮으면서 첨도(尖度) 즉, 밑변에 대한 윗변의 비율로 나타낼 수 있는 뾰족한 정도가 낮은 사다리꼴에서 점차 높이가 높아지면서 첨도가 증가하는 경향이 나타난다. 그 밖에 지역적인 특징도 확인되는데, 대각에 작고 둥근 구멍이 뚫린 것은 논산(論山) 등 금강 이남지역의 지역색이다. 대각의 원형투공(透孔)과 함께 구연부의 높이가 극히 낮은 고배 역시 금강 이남지역의 특색으로 볼 수 있다(사진 26). 한편, 고배의 성형(成形) 기법에도 시기적인 변화가 감지되는데, 한성기의 이른 시기에는 그릇의 표면을 마연(磨研)한 것이 많은데 비해 한성기의 늦은 시기 이후에는 회전하면서 표면을 고른 이른바 회전(回轉) 정면(整面) 기법으로 되어 표면에 미세한 평행선문이 관찰되는 경우가 많다. 이상 설명한 고배의 변화 양상을 요약하면 〈그림 15〉와 같다.

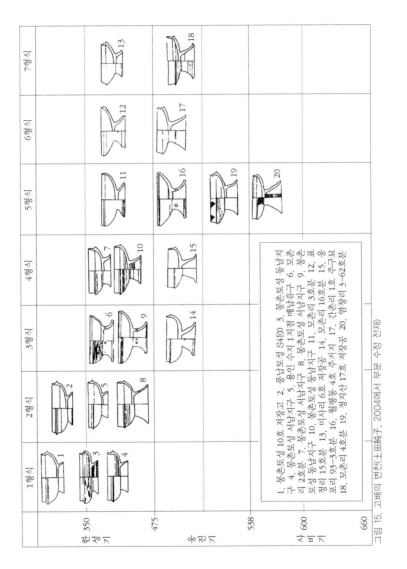

그림 15. 고배의 변천(土田純子, 2004에서 부분 수정 전재)

1. 몽촌토성 10호 저장고 2. 풍납토성 S4E0 3. 몽남토성 동남지구 4. 몽촌토성 서남지구 5. 용인 수지 1지점 매납유구 6. 모룡촌 리 2호분 7. 몽촌토성 서남지구 8. 몽촌토성 서남지구 9. 몽촌 토성 동남지구 10. 몽촌토성 동남지구 11. 모촌리 3호분 12. 표 정리 15호분 13. 미사리 6호 저장공 14. 모촌리 16호분 15. 용 포리 93-3호분 16. 월평동 4호 주거지 17. 간촌리 1호 주구묘 18. 모촌리 4호분 19. 청자산 17호 저장공 20. 염창리 3-62호분

3) 개배

개배(蓋杯)는 뚜껑을 덮을 수 있도록 구연과 배신(杯身)의 경계부에 턱이 져 있는 일종의 접시류이다. 앞서 본 고배와 달리 굽다리가 달려 있지 않은 것이 특징이다. 개배는 몽촌토성 출토품을 기준으로 하면 전체의 약 0.7%에 지나지 않은 소수 기종이지만, 웅진기, 사비기로 가면서 점차 고배를 능가하는 주요 기종으로 정착된다. 이러한 개배의 증가 현상은 앞서 고배 설명에서도 말한 것처럼 반상(盤床)의 보편화 현상과 밀접한 관련이 있을 것으로 생각된다(원색사진 5).

개배는 백제뿐 아니라 신라, 가야 지역에서도 주요 기종으로 정착되는데, 현재까지 자료로 보면 역시 백제 지역에서 신라나 가야에 비해 상대적으로 이른 시기부터 등장하는 것으로 판단된다. 개배의 구체적인 등장 시점에 대해서는 아직 확실한 자료가 부족하지만, 청주 신봉동 고분군 등 한성기 백제의 지방에서는 대략 5세기 전반경에는 출현하고 있다. 이러한 점으로 미루어 한성기의 중앙에서는 그보다 이른 4세기 후반경에 등장하였을 가능성이 있다.

개배의 형태 변화는 앞서본 고배 몸체의 변화 경향과 대체로 같았을 것으로 추정되는데, 이른 시기의 것은 배신의 깊이가 깊은데 비해 시간의 경과와 함께 점차 얕아지는 것이다. 백제의 중앙 지역에서 등장한 개배는 이후 금강유역을 거쳐 영산강유역 등으로도 확산된다. 그러한 개배의 확산 및 기형 변회를 요약하면 〈그림 16〉과 같다.

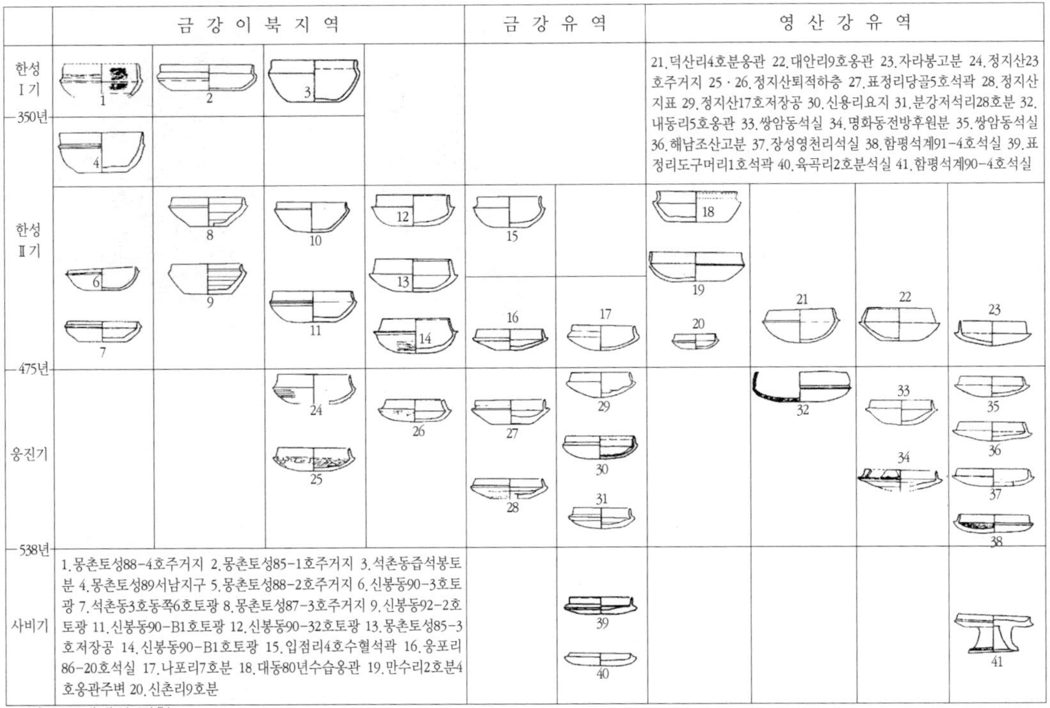
금 강 이 북 지 역
금 강 유 역
영 산 강 유 역
한성 I기
350년
한성 II기
475년
웅진기
538년
사비기
21. 덕산리4호분옹관 22. 대안리9호옹관 23. 자라봉고분 24. 정지산23호주거지 25·26. 정지산퇴적하층 27. 표정리당골5호석곽 28. 정지산지표 29. 정지산17호저장공 30. 신용리요지 31. 분강저석리28호분 32. 내동리5호옹관 33. 쌍암동석실 34. 명화동전방후원분 35. 쌍암동석실 36. 해남조산고분 37. 장성영천리석실 38. 함평석계91-4호석실 39. 표정리도구머리1호석곽 40. 육곡리2호분석실 41. 함평석계90-4호석실
1. 몽촌토성88-4호주거지 2. 몽촌토성85-1호주거지 3. 석촌동즙석봉토분 4. 몽촌토성89서남지구 5. 몽촌토성88-2호주거지 6. 신봉동90-3호토광 7. 석촌동3호동쪽6호토광 8. 몽촌토성87-3호주거지 9. 신봉동92-2호토광 11. 신봉동90-B1호토광 12. 신봉동90-32호토광 13. 몽촌토성85-3호저장공 14. 신봉동90-B1호토광 15. 입점리4호수혈석곽 16. 웅포리86-20호석실 17. 나포리7호분 18. 대동80년수습옹관 19. 만수리2호분4호옹관주변 20. 신촌리9호분
그림 16. 개배의 변천

4) 삼족기

삼족기는 고배나 개배와 같은 접시 모양의 몸체에 다리가 셋 달린 특징적인 형태의 그릇으로서 한반도의 삼국시대에는 백제 지역에서만 확인되고 있다(원색사진 4). 몽촌토성 출토품을 기준으로 할 때 약 8.8%의 비율을 보이고 있는 기종이다.

사진 27. 몽촌토성 출토 유개 반형삼족기

삼족기는 그 크기나 구연부의 형태 등에 의해 다시 유개(有蓋) 반형(盤形) 삼족기(사진 27), 무개(無蓋) 반형삼족기(사진 28), 유개 배형(杯形) 삼족기(원색사진 4 참조), 무개 배형삼족기(사진 29) 등으로 나뉜다. 유개, 무개의 구분은 앞서의 고배와 마찬가지로 구연부 하단에 뚜껑받이 턱이 있는가 여부에 의해 가리며, 반형과 배형의 구분은 쉽지 않으나 한성시기의 삼족기가 다수 수습된 몽촌토성 등 유직 출토품을 대상으로 구경을 계측해보면 대체로 구연부의 직경

사진 28. 몽촌토성 출토 무개 반형삼족기

사진 29. 몽촌토성 출토 무개 배형삼족기

이 20㎝ 이상의 그룹과 그보다 작은 그룹 등 2부류로 구분이 가능하여 전자 즉, 대형을 반형으로 후자의 소구경 그룹을 배형으로 할 수 있다.

대구경의 반형삼족기에는 몸체의 중간 부분에 돌대와 유사한 모양의 장식이 더해진 것들이 많은데, 이는 동기(銅器)와 같은 금속용기에서 흔히 보는 특징이다. 앞 장의 '백제의 국가 형성과 백제토기의 등장'에서 이미 말한 바처럼 백제의 반형삼족기 기원이 중국의 서진(西晉 : 265~317년) 시기의 동세(銅洗) 즉, 다리가 셋 달린 형태의 세수 대야형 그릇에 있을 것으로 보기도 한다. 실제로 중국에서도 그 무렵 동세를 토기로 만든 예가 확인되고 있어 그러한 추정의 가능성을 높여주고 있다. 이러한 추정이 가능하다면 백제 삼족기의 시작은 대형의 반형삼족기부터일 것으로 볼 수 있으며, 그 시기는 어림잡아 4세기 전반경으로 할 수 있을 것이다. 지금까지 알려진 자료로 보면, 반형삼족기는 한성기에만 유행하였던 것으로 이해된다.

크기가 반형삼족기에 비해 작은 배형삼족기는 앞서 이미 말한 것처럼 그 몸체의 형태로만 보면 고배 혹은 개배의 그것과 같다. 유행 시기 역시 고배나 개배와 마찬가지로 한성기 이후 사비기까지 이어지고 있으며, 마치 백제의 심벌처럼 그 분포 지역은 곧 백제의 영역이거나 백제 사람들의 활동 무대였음을 알려주는 표지(標識)가 된다. 배형삼족기 가운데 무개 삼족기는 앞의 반형삼족기와 함께 한성시기 동안에만 만들어진다.

백제 전 기간에 걸쳐 이어지는 삼족기는 유개 배형삼족기인데, 시간의 경과에 따라 그릇의 형태도 일정한 방향성을 가지고 변화되고 있어 백제토기의 변천을 살피는데 기준으로 사용될 수 있다. 최근까지의 연구 결과들(姜元杓, 2001 ; 朴淳發, 2003b ; 土田純子, 2004)을 참고하면 대략 다음과 같은 변화 양상이 나타난다.

첫째, 삼족기의 배신(杯身) 즉, 몸체의 깊은 정도[杯身深度]는 처음 출현하는 한성시기의 것이 깊은 편인데 비해 웅진기, 사비기로 가면서 점차 얕아진다. 배신의 깊이 정도는 다리를 제외한 몸체 부분의 깊이를 구경으로 나눈 값으로 나타낼 수 있을 것인데, 시기별 변화 정도는 〈그림 17〉을 통해 알 수 있다.

둘째, 배신 저부에 삼족이 붙는 위치상에도 일정한 변화 경향이 관찰

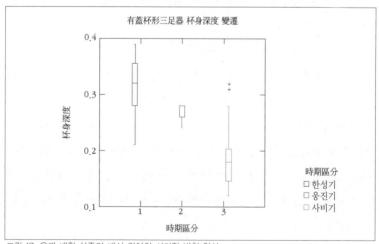

그림 17. 유개 배형 삼족기 배신 깊이의 시기적 변천 양상

된다. 한성기처럼 이른 시기의 삼족기는 삼족이 배신 저부의 중앙부에 상대적으로 가깝게 밀집되어 있는 양상인데 비해 웅진, 사비기로 가면서 배신 저부의 외곽에 부착되고 있다. 그 정도는 삼족 접합부의 직경 즉, 삼족이 부착된 곳을 연결하는 가상의 원의 직경과, 배신의 최대경의 상대적인 비율로써 가늠할 수 있을 것이다. 접합부의 직경을 배신경으로 나눈 값의 시기별 분포를 보면 〈그림 18〉과 같다.

요컨대, 배형삼족기는 처음 배신의 움이 깊고 삼족이 저부의 중심 가까이에 비교적 조밀하게 부착된 형태에서 점차 배신이 얕아지면서 다리 역시 배신의 외곽으로 분산되는 경향이 나타난다는 것이다. 배신의 깊이가 얕아지는 현상은 위에서 이미 살펴본 고배나 개배의 변화 경향

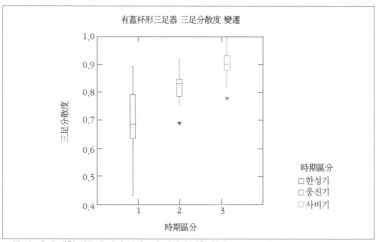

그림 18. 유개 배형 삼족기 다리 분산도의 시기적 변천 양상

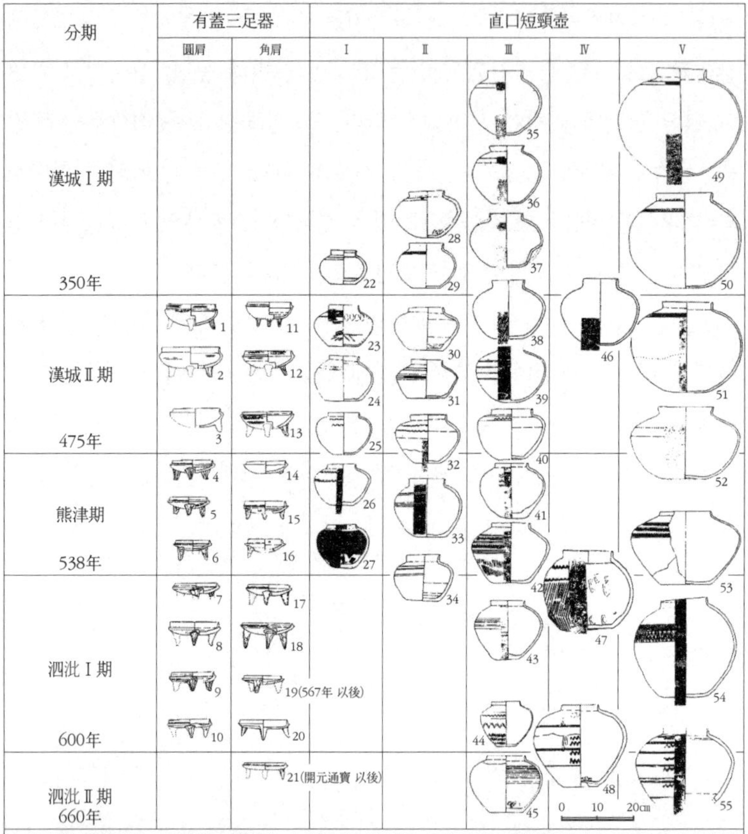
分期
有蓋三足器
直口短頸壺
圓肩
角肩
Ⅰ
Ⅱ
Ⅲ
Ⅳ
Ⅴ
漢城Ⅰ期
350年
漢城Ⅱ期
475年
熊津期
538年
泗沘Ⅰ期
600年
泗沘Ⅱ期
660年
19(567年 以後)
21(開元通寶 以後)
0 10 20㎝

1·13.夢村土城88方形遺構·2.夢村土城88-5號貯藏孔·11.몽촌토성99-4號住居址·12.夢村土城88-1號貯藏孔(金元龍外, 1988) 3·14.公山城28間建物址(安承周·李南奭, 1992) 4.艇止山28號貯藏孔·15.艇止山1號石室墳(국립공주박물관) 5·6.餘美里8號石室墳·27.餘美里8號石室墳(李尙燁, 2001)·7.蓮芝里49號石室墳·18.蓮芝里16號石室墳·45.蓮芝里2號石室墳·48.蓮芝里3號石室墳(李弘鍾外, 2002) 8·10·54·55.軍守里地點(忠南大百濟硏究所 發掘) 9·17.東南里(忠南大博物館 發掘) 16.定林寺(尹武炳, 1981) 19.陵寺(國立扶餘博物館, 2002b) 20·24.九龍里(安承周, 1977) 21.宮南池赤褐色砂質土層(國立扶餘文化財硏究所, 2001) 22.石村洞破壞墳(任孝宰, 1976) 23.法泉里2號墳(宋義政·尹炯元, 2000) 24.龍院里21號土壙墓·51.龍院里2號土壙墓(李南奭, 2000) 25.新鳳洞13號土壙墓(李隆助·車勇杰, 1983) 26.汾江楮石里나號埋納遺構·40.汾江楮石里가號埋納遺構(李南奭, 1997) 28.馬霞里21號石槨墓·49.馬霞里1號石槨墓(金載悅外, 1998) 29.石村洞3號墳東쪽4號土壙墓·35.石村洞3號墳東쪽3號土壙墓·36.石村洞3號墳東쪽8號土壙墓·37.石村洞3號墳東쪽A地區中層·38.석촌동3號墳東쪽A地區中層·52.石村洞3號墳東쪽9號土壙墓(金元龍·林永珍, 1986) 39.熊浦里93-3號墳(崔元奎, 1995) 41.山儀里28號石室墳·42.山儀里40號石室墳·43.山儀里39號石室墳(李南奭, 1999) 46.石村洞2號墳(金元龍外, 1989) 47.松菊里百濟土壙墓(國立扶餘博物館, 2000a) 50.夢村土城(金元龍外, 1988) ·53.公山城5號貯藏孔(安承周·李南奭, 1992)

그림 19. 삼족기 및 직구단경호의 시기적 변천

과 맥락을 같이하는 것임을 알 수 있다. 배형삼족기의 그러한 기형 변화 내용을 요약 도시(圖示)하면 〈그림 19〉와 같다.

2. 항아리류

1) 직구단경호

직구단경호는 1988년도 몽촌토성 발굴조사 보고서를 통하여 필자가 '직구단경구형호(直口短頸球形壺)'로 부른 것으로서 한성양식 백제토기의 핵심 기종 가운데 하나이다. 직구단경호의 특징은 짧고 곧은 구연 아래에 공 모양의 원형 몸체를 가진 것으로서 어깨 부분의 문양대와 함께 몸체 아랫부분에만 있는 타날문(打捺文) 등이 특징이다(원색사진 6). 이전에는 이러한 특징을 가진 직구단경호를 다음에 볼 직구광견호(直口廣肩壺)와 같은 종류로 이해한 적이 있으나(원색사진 1 참조), 직구광견호는 바닥이 편평한 평저(平底)이면서 몸체 아랫부분에 타날문이 없는 등의 점으로 보아 서로 다른 종류의 항아리로 구분하는 것이 적당할 것이다. 또한 뒤에서 보겠지만, 직구광견호는 맨 처음은 직구단경호와 마찬가지로 토기의 질이 흑색마연토기로 등장하나 이후 회색연질토기로 이행되는 단계에 들어오면서 소멸되는 점에서도 직구단경호의 전개 과정과 차이를 보인다. 앞 장의 '백제의 국가 형성과 백제토기의 등장'에서 본 것처럼 직구단경호는 백제의 국가 성립 시기인 기원후 3세기 중후엽에 처음 등장한 이후 백제의 전 기간에 걸쳐 제작 사용되고 있다.

직구단경호의 기원은 앞 장 '백제토기 형성 과정'에서 이미 말한 것과 같이 후한(後漢) 말~서진(西晉) 시기의 중국 동북지역에 있다(그림 8 참조). 백제의 직구단경호와 동일한 특징을 가진 유사한 예를 확인할 수 있기 때문이다. 직구단경호의 등장은 곧 백제의 국가 성립기의 한강 유역 세력과 중국 동북지역에 거점을 둔 후한대의 지방정권이었던 공손씨(公孫氏) 세력 또는 동이교위부(東夷校尉府) 등과의 활발한 교섭을 말해주는 고고학적 자료라 할 수 있다(朴淳發, 1999b).

직구단경호는 전술한 것처럼 1988년도 몽촌토성 발굴보고서 작성을 위한 분석 과정을 통해 백제토기에서 차지하는 그 중요성이 인식되었다. 백제의 전 기간에 걸쳐 계속 제작되고 사용되는 종류이므로 시간의 흐름과 함께 당연히 그 형태나 문양 등에서 얼마간의 변화가 있었다(사진 30 및 사진 31). 이러한 변화를 기형(器形) 변화라 하는데, 이에 대한 파악을 통해 직구단경호의 시기적 변천을 이해할 수 있음은 물론이고 나아가 백제토기의 전체적인 변화 양상도 파악할 수 있다. 여기서는 그

사진 30. 석촌동 고분군 출토 한성 Ⅱ 기 직구단경호

사진 31. 공주 산의리 고분군 출토 웅진·사비기 직구단경호

러한 직구단경호의 변화 내용을 잠시 알아보기로 한다.

한성기(250~475년) 이래 지속적으로 제작 사용되어 온 여러 지역 출토 직구단경호들을 보면 전체 크기, 몸체부의 전체 형태, 그리고 어깨 부분의 문양 등에서 변화가 나타나고 있다. 그 가운데 전체의 크기는 비교적 시간적인 변화와 연동(連動)된다기보다 같은 시기에 함께 공존하던 세부적인 그릇 종류의 존재와 관련되는 것으로 보인다.

그러나, 몸체의 형태는 시간의 변화와 함께 일정한 정형성을 나타내고 있다. 한성기의 비교적 이른 시기의 것은 전체 모양이 둥근 공 모양에 가까운데 비해 시간의 경과와 더불어 대략 웅진기(475~538년)에 이르면 어깨 즉, 몸체 가운데 가장 폭이 넓은 곳이 구연부 바로 아래나 몸체의 윗부분에 있는 모습으로 변하며, 사비기(538~660년)에 와서는 전체의 모양이 타원형에 가깝게 변한다(그림 19 참조).

어깨 부분의 문양 역시 시기적인 변화 양상이 비교적 잘 나타난다. 지금까지 확인된 직구단경호 어깨 문양은 〈그림 20〉과 같은데, A는 이른바 연주문(聯珠紋)으로 부르는 것으로서 아래 위에 음각선을 그어 문양대를 만든 다음 둥근 점을 상하 2열로 배치한 방식이다. B는 파상선문(波狀線紋)이라 부르는 것인데, 두 줄의 음각선으로 문양대를 구성한 후 그 속에 1~3조의 파상선을 배치한 것이다. C는 격자문(格子紋)으로서 상하의 음각선 사이에 격자를 그었다. D는 상하의 음각선으로 문양대만을 구성한 것으로 내부에는 문양이 없다. F는 상하의 음각선이 없이 파상선만으로 된 것이다. G는 문양대를 구성하는 음각선이 앞서 본 것

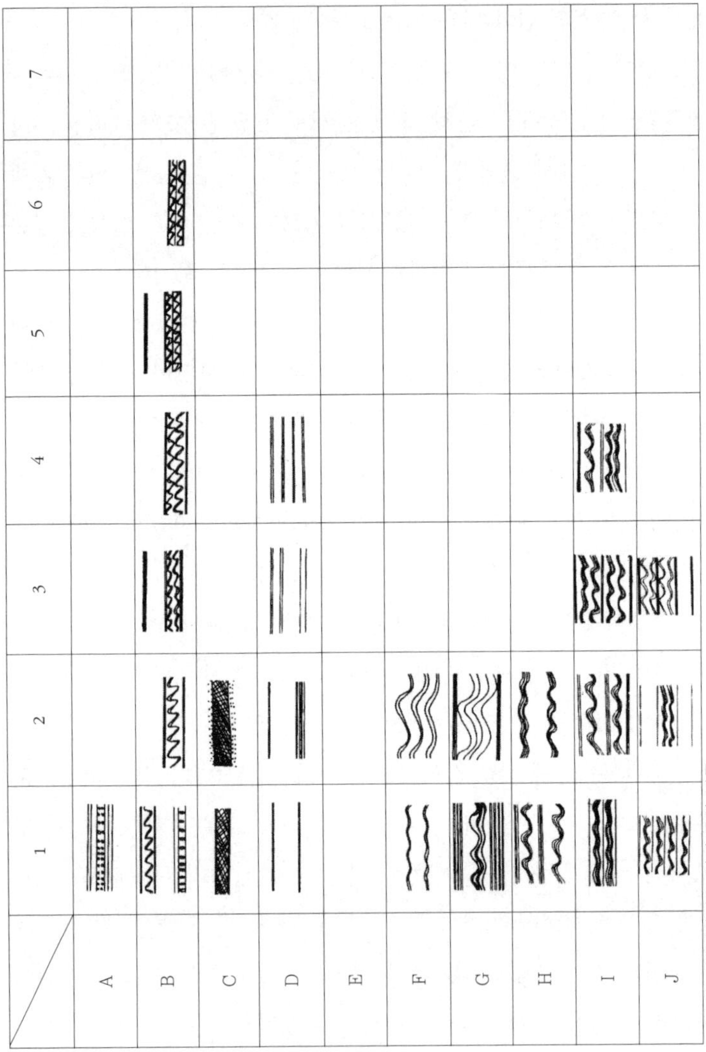

그림 20. 지구단경호 어깨 문양 분류

과는 달리 2개 이상의 선으로 구성되어 있으며, 내부의 파상선도 복수의 선으로 되어 있다. H는 기본적으로 G와 같으나 문양대 아래에 또 다른 복수선에 의한 파상선문이 추가된 것이며, I는 G의 문양대가 2개 있는 것이고, J는 G의 문양대가 3회 이상 반복되는 경우이다. E는 아무런 문양이 없는 경우를 말한다.

이러한 문양의 내용을 시기별로 정리해보면 〈표 8〉과 같다. 표를 통해 알 수 있듯이 한성기에는 C의 격자문과 B의 파상선문이 대부분인 가운데 무문의 E도 존재한다. 그러나 웅진기가 되면 상하의 음각선에 의한 문양대가 없는 F 파상문과 더불어 문양대만 있는 D, 그리고 복수의 파상문대가 있는 I가 등장한다. 마지막 사비기에는 복수의 파상문대로 구성된 I, G, H, J 등과 더불어 문양대의 윤곽만 있는 D식 가운데 복수의 문양대를 가진 것들이 성행하고 있다. 한편, 〈표 8〉을 통해서 각 문양들의 등장 순서도 대체로 파악할 수 있다. 각 시기별로 유행하는 문양의 빈도(頻度)

표 8. 직구단경호 문양의 시기별 분포 양상

文 樣	漢城期	熊津期	泗沘期
C	11		
B	4		
D1	1		
E	10		2
F	1	3	
D2		2	
I		2	2
G			1
H			3
J			1
D3			2

상의 일정한 변화를 근거로 하는 것인데, 이를 고고학 연대결정방법으로서 순서배열법(順序配列法 : seriation)이라 한다. 즉, 직구단경호의 문양의 출현은 대략 〈표 8〉의 좌측 열(列)의 위에서 아래의 순으로 볼 수 있다.

이처럼 전체의 모양이나 어깨 문양의 내용이 변화하는 직구단경호는 앞서 이미 살펴 본 삼족기와 더불어 백제토기 편년을 위한 기준이 되기에 적합하다. 그와 함께 직구단경호는 처음 한강유역의 백제 중앙지역에서 발생하여 이후 백제의 영역 확대에 따라 확산되는 양상을 보이고 있다. 마치 백제의 영역임을 말해주는 지표처럼 새롭게 백제의 영역으로 편입된 지역에는 직구단경호가 등장한다. 그러므로 백제토기에 대한 이해를 위해서는 반드시 직구단경호를 알아야 하는 것이다.

2) 직구광견호

직구광견호(直口廣肩壺)는 앞의 직구단경호와 형태적으로 매우 유사하여 종래 별개의 기종(器種)으로 파악되기보다는 직구단경호의 이른 시기 기형(器形)으로 이해되기도 하였다. 그러나, 저부의 형태가 평저이고 동체 하반부에 타날문이 없는 점 등으로 미루어 필자는 별개의 기종으로 구분하는 것이 바람직한 것으로 여기고 있다(원색사진 1 참조).

직구광견호의 대표적인 예로는 서울의 가락동 2호 목관봉토묘 출토품을 들 수 있다(사진 32). 2점이 출토되었는데, 이들은 모두 표면이 고광택이 날 정도로 잘 마연된 흑색마연토기로 제작되었다. 가락동 2호분은

3기의 목관묘와 1기의 옹관묘가
하나의 봉토로 합장된 일종의 집
단묘이다. 이러한 형태의 무덤은
최근 천안 두정동(斗井洞)이나 익
산 율촌리(栗村里) 등 광범위한 지
역에 걸쳐 확인되고 있으며, 그 시
기는 대략 3세기 후반 이후로 여
겨진다. 문제의 흑색마연제 직구

사진 32. 가락동 2호분 출토 직구광견호

광견호는 옹관과 관련된 부장품으
로 보고되었으나, 4기의 무덤 사이에 큰 시차는 없다. 목관묘 가운데에
는 목부분에 돌대가 있는 이른바 경부돌대토기 혹은 대경호(帶頸壺)가
부장된 것도 있어 직구광견호의 시기를 짐작할 수 있는 단서를 제공하
고 있다.

　대경호는 그 기원이 요녕(遼寧) 지역이나 낙랑 지역에서 확인된 바 있
는 한대(漢代)의 이른바 절경호(節頸壺)에서 찾을 수 있다. 한강이남의
마한 또는 백제 지역의 대경호 등장 시점과 관련하여 주목되는 자료는
부산 동래패총(東萊貝塚) 출토 대경호 구연부편이다(그림 6 참조). 경부
를 첨가한 방식은 가락동 2호분 출토품과 동일하나 표면 처리에 있어서
는 가락동 대경호가 동하반부에만 격자문이 타날되어 있는데 비해 동
래패총 출토품은 전면을 승문타날 후 횡선을 돌리고 어깨에는 이른바
삼각거치문(三角鋸齒文)을 시문한 점이 다르다. 대경호는 영남지역의

고유 기종이 아니라 마한 지역에서 유행하던 것이므로 여기의 대경호는 지역 간 교역과 같은 과정을 통해 동래패총에 이르게 된 것이다.

〈그림 6〉에서 보듯이 동래패총 대경호는 일본의 하지키계[土師器] 토기와 함께 출토되고 있어 이를 통하여 일본 열도와 한반도 사이의 교차연대(交叉年代) 즉, 이미 알고 있는 연대를 통해 연대를 모르는 고고학 자료의 시기를 가늠하는 것이 가능하다. 필자는 동래패총 출토 하지키계 토기의 연대를 3세기 중엽경으로 비정한 바(朴淳發, 2001b) 있는데, 이러한 연대관은 최근 다른 연구자(井上主稅, 2005)에 의해서도 뒷받침 되고 있다. 동래패총 대경호의 연대를 3세기 중엽경으로 볼 수 있다면, 한강유역에서부터 영산강유역에 이르는 지역에 분포하고 있는 대경호도 이 무렵으로 볼 수 있을 것이다. 필자는 대경호의 출현 시점은 3세기 전반경까지 소급될 가능성도 있을 것으로 보고 있다.

이러한 점으로써 3세기 중엽경의 대경호와 함께 묻힌 가락동 2호분 출토 직구광견호 역시 대략 3세기 중엽을 전후한 어느 무렵으로 볼 수 있을 것이다. 물론, 전술한 것처럼 같은 봉분 아래에 있는 4기의 무덤이 동시에 매장된 것은 아니지만 이들 사이의 시간차가 몇 세대(世代) 이상일 수는 없을 것이므로 대략 50년 이내의 범위로 보아 좋을 것이다. 필자는 흑색마연토기 직구광견호의 출현 시점을 3세기 중후엽으로 비정하고 있는데, 이러한 연대관은 이상의 사실을 통해서도 뒷받침될 수 있다.

필자는 직구광견호가 처음 흑색마연토기로 제작되다가 이후 시간의 경과와 더불어 회색연질토기로 변화되는 것으로 이해한 바 있다(朴淳發, 1998). 이는 석촌동 고분군의 비교적 늦은 시기에 해당되는 출토품 가운데 회색연질로 된 것이 확인되기 때문이었다(그림 1의 8 참조). 흑색마연토기에서 회색연질토기로 그 재질이 바뀌고 있는 기종은 여기의 직구광견호뿐 아니라 앞서 본 직구단경호 등도 있다. 이러한 재질의 변화 경향은 인정될 수 있으나, 흑색마연토기가 회색연질토기로 제작된 것보다 모두 시기적으로 앞서는 것은 아니다.

실제로 천안 용원리 9호묘 출토 흑색마연토기 직구광견호(원색사진 1)는 함께 나온 중국 동진(東晉)의 흑자(黑瓷) 계수호(鷄首壺)(원색사진 31)에 의해 400년을 전후한 시점으로 비정된다(朴淳發, 2005a). 흑색마연토기라는 재질은 고급 기종에 적용되는 것으로서 그 시작은 백제의 국가 성립 시점인 3세기 중후엽이지만 그 이후 곧 바로 모두 회색연질토기로 바뀌지는 않았으며, 대략 5세기 초엽이나 전반경까지도 지속되었던 것으로 보인다. 한편, 회색연질토기로 된 직구광견호는 흑색마연토기에 미치지 못하는 저급품일 가능성이 높은 것으로 이해된다.

직구광견호의 존속 기간은 지금까지의 자료로 보면 대체로 필자의 한성 Ⅰ기(250~350년)가 중심이 되는 것으로 판단되나, 백제의 중앙 지역이 아닌 지방에서는 흑색마연토기의 형태로 전술한 바와 같이 400년을 전후한 시점까지도 지속되었던 것으로 이해된다. 그리고 흑색마연토기라는 재질은 직구광견호에만 국한되지 않음은 전술한 바와 같은데, 특히 백제의 지방으로 편입된 지역에서는 대략 5세기 전반경까지 확인되고 있다.

한편, 직구광견호의 기원과 관련해서, 필자는 이 기종을 포함한 흑색 마연토기 기술적 유형 전반에 대해 언급하는 중에 직구광견호나 직구 단경호의 어깨 문양대의 모습이 중국의 삼국(三國) 말~서진(西晉) 무렵의 고월자(古越瓷)의 그것과 닮았음을 주목한 바 있다. 이들 기종 특유의 어깨 문양대가 그 무렵 중국의 자기에서 유행하던 것임을 지적한 앞선 연구자들의 견해에 공감하였기 때문이기도 하지만 특히, 그 무렵 마한으로 표현된 한강유역 세력은 서진과 활발한 대외 교섭을 하고 있었던 사실에 주목하였던 것이다(朴淳發, 1998). 이러한 생각은 지금도 변함이 없다.

최근 필자의 그러한 생각과 다른 견해들이 제시되고 있는데, 그 가운데 직구단경호 및 직구광견호의 기원은 중국의 청자관(靑瓷罐)에서 찾아야 한다는 주장이 있다(李明曄, 2006). 직구광견호가 중국 자기관을 모방하여 먼저 등장하고 이어서 토착 기종인 둥근 밑의 항아리류에 그 영향이 미치면서 직구단경호가 뒤이어 나타났다는 것이다. 이러한 관점은 한신대학교 박물관에서 발간한 풍납토성 경당지구 101호 유구 발굴조사 보고서에서도 보이고 있다(權五榮·韓志仙, 2005).

표현 방식의 차이에도 불구하고 이러한 주장과 필자의 기존 생각과는 사실 별반 차이가 없는 것이다. 중국의 청자관이라는 것은 중국의 삼국시대~서진대의 고월자의 기종 가운데 '관(罐)'을 말하는 것인데, 중국고고학에서 '관'이란 용어는 액체를 담을 수 있는 토기 기종을 가리키는 광범위한 보통명사이다. 중국의 그 무렵 토기들 가운데 어깨에 문양 대가 있는 기종들은 사실 강남의 고월자 생산 지역뿐 아니라 중원지역에도 보편적으로 확인된다. 그러한 유행 기종이 강남지역에서는 일찍부터 자기가 발달한 까닭에 청자로 만들어지게 된 것이다. 결국, 직구광견호의 기원이 중국의 고월자에 있다는 필자의 표현과 "중국의 청자관에 있다"는 표현은 같은 것이다.

다만, 직구광견호가 먼저 등장한 후 그 영향을 받아 재래의 둥근 밑의 호류가 직구단경호로 등장한다는 점은 필자와 다른 관점이다. 앞서 직구단경호의 설명에서 이미 말한 바와 같이 필자가 직구단경호의 중요한 특징으로 보고 있는 어깨 문양대와 동체 저부 타날 등은 후한 말~서진 초의 중국 동북지역에서 확인되는 토기의 그것과 매우 흡사할 뿐 아니라 그 무렵 한강유역의 백제로 판단되는 마한 세력과 밀접한 교섭이 있던 지역이 또한 중국 동북지역이므로 그 둘 사이의 관계를 무시할 수 없다. 직구단경호와 흡사한 그러한 기종은 동북지역 이외에도 분포함은 물론이고 직구광견호와 유사한 '관' 역시 강남지역의 청자관뿐만 아니라 다른 지역에서는 토기관의 형태로 존재하던 것이지만, 그러한 토기문화가 한강유역의 백제에 등장할 수 있는 역사적 계기는 역시 『진서(晉書)』 마한전에 보이는 3세기 중후엽의 중국 동북지역과의 대외 교섭이기 때문에 필자는 그렇게 이해하였던 것이다.

한편, 직구광견호의 영향을 받아 직구단경호로 변신한 것으로 추정한 재래의 원저호류에 대해서는 역으로 생각할 수도 있다. 즉, 직구광견호나 직구단경호와 같은 위세품적인 성격이 강한 기종의 영향을 받아 출현한 기종으로 볼 수도 있다. 이러한 문제에 대한 해명을 위해서는 이들 사이의 세밀한 시기적 선후 관계 파악 등이 선결되어야 할 것이다.

3) 광구장경호

광구장경호(廣口長頸壺)는 몽촌토성 등을 기준으로 할 때, 한성기 토기의 약 6% 가량을 차지하고 있는 주요한 기종 가운데 하나이다. 공 모양에 가까운 둥근 몸체에 나팔 모양으로 끝이 바라지고 긴 목을 가진 것을 특징으로 한다(원색사진 8). 몸체에는 격자문이나 평행선문이 타날된 것과 아무런 문양이 없는 무문(無紋) 등이 있으며, 목 부분에도 돌대(突帶)가 있는 것과 없는 것이 있다. 그리고 돌대가 있는 것에는 돌대와 돌대 사이에 물결무늬의 파상선문(波狀線紋)이 베풀어진 것도 있다. 이러한 세부적인 특징들은 시기적인 변화와 관련이 있는 것으로 판단된다.

광구장경호의 출현 시점은 현재까지의 자료로 보면, 대체로 4세기 후반경의 어느 무렵으로 이해된다. 종래 필자는 몽촌토성 출토 자료를 정리하면서 회색연질토기로 된 광구장경호는 한성 Ⅰ기 즉, 4세기 전반경에 이미 등장한 것으로 추정한 바 있으나, 그를 뒷받침할 수 있는 분명한 자료가 아직 없다. 또한 이 기종의 유래(由來)에 대해서도 자세하게 알려진 것이 없다. 장경호(長頸壺)라 부르는 목긴 항아리는 백제뿐 아니라 신라, 가야 등지에서도 모두 나타나고 있으나 그 역시 어떤 계기로 등장하였는지에 대해서는 알려진 바가 없다.

광구장경호는 앞서 본 직구단경호와 같이 무덤에 부장되는 토기 기종 가운데 하나이다. 〈그림 9〉에서 본 것처럼, 석촌동 고분군에서는 직구 단경호에 이어 그 다음 시기에 부장품으로 등장하고 있다. 이러한 양상은 석촌동 고분군뿐 아니라 동시대의 백제의 지방으로 편입되었던 천안 용원리 고분군이나 청주 신봉동 고분군에서도 확인된다. 광구장경호가 무덤의 부장품으로 사용되던 시기는 대략 한성기의 Ⅱ기(350~475년) 동안에 집중되는 듯하다. 그 이후의 웅진기나 사비기의 무덤에서는 더 이상 광구장경호가 부장되는 사례를 찾아보기 어렵다. 따라서, 광구장경호가 부장된 무덤은 한성 Ⅱ기에 해당된다고 보아도 좋을 것이다.

이러한 부장 양상으로 보아 광구장경호는 처음 백제의 중앙 지역에서 등장하여 점차 영역 확대와 더불어 지방으로 확산되었을 것으로 이해된다. 그런데, 전형적인 백제의 광구장경호(사진 33)가 확산되기 이전에도 대전이나 충남 금산(錦山) 등지에는 토착의 광구장경호가 존재하였음이 확인되고 있다. 대전 구성동 토광묘(사진 34), 오정동 2호 토광묘, 금산 수당리(水塘里) 석곽묘 출토품(사진 35)

사진 33. 몽촌토성 출토 광구장경호

등이 그에 해당된다. 이러한 토착 광구장경호는 그 생김으로 보아 상주(尙州) 등의 낙동강 상류지역이나 낙동강 하류의 가야 지역의 토기와 유사하여 주목된다. 이러한 유사점으로 볼 때 대전을 비롯한 금강 중상류지역은 이들 지역과 비교적 빈번한 교류가 있었을 가능성이 있다. 그러나, 대전의 용

사진 34. 대전 구성동 유적 출토 광구장경호

산동(龍山洞) 고분군에서는 그러한 토착계 광구장경호와 달리 한성양식의 백제 중앙 지역 광구장경호가 부장되어 있다. 그 시기는 대략 5세기 전반경으로 볼 수 있는데, 이는 그 무렵 대전지역을 비롯한 금강 중상류지역이 완전히 백제의 지방으로 편제되었음을 반영하는 것으로 이해된다.

이처럼 한성양식 기종의 확산은 백제 중앙 세력의 영향이 해당지역에 미쳤음을 보여주는 지표로도 이해될 수 있는데, 이와 관련해 주

사진 35. 금산 수당리 출토 광구장경호

목되는 자료가 속속 확인되고 있다. 원주 법천리(法泉里) 고분군의 경우 직구단경호와 함께 동진제(東晉製) 청자양형기(靑瓷羊形器)가 등장하고 있는데, 청자양형기는 백제 중앙이 장거리 대외 교섭을 통해 입수한 것으로 보아 틀림없을 것이다. 그리고 서산 부장리(富長里) 고분군에서는 직구단경호 등과 함께 금동관모(金銅冠帽), 식리(飾履 : 장식 신발) 등의 위세품이 등장하고 있다. 관모와 식리 등의 위세품은 물론 백제의 중앙으로부터 받았던 것으로서 그것을 소지한 해당 지역의 수장(首長)이 백제의 중앙과 일정한 정치적 관계를 형성하고 있음을 말해주는 것이다. 법천리 고분군과 부장리 고분군의 사례로 보면, 한성양식의 토기의 등장은 곧 해당 지역 세력이 백제와 정치적 관계를 형성하였음을 보여주는 것으로 이해될 수 있다.

한편, 공주 수촌리(水村里) 고분군에서는 금동관모, 식리 등과 함께 동진제 자기 등이 함께 부장되어 있지만, 토기에서는 아직 직구단경호와 같은 전형적인 한성양식이 보이지 않고 있어 앞서 본 법천리나 부장리의 경우와 약간 차이가 있다. 한성양식토기가 등장하기 이전에 금동관모와 같은 착장 위세품이 먼저 등장하는 경우로 이해될 수 있다. 착장 위세품이 구체적으로 어떠한 정치적 관계를 반영하는 지에 대해서는 장차 면밀한 검토가 필요하겠으나, 일단 해당 지역의 수장이 백제의 중앙 정치 무대의 일원으로 편제된 것으로 보아도 좋을 것이다. 이 경우 흔히 말하는 간접 지배 즉, 수장을 통한 지역 지배의 형태와 관련되었을 가능성이 높다. 아무튼, 수촌리의 경우 한성양식토기의 등장은 이러한 간접 지배 성립 이후에 나타나는 현상으로 이해할 수 있을 것이다. 그렇다면, 한성양식토기의 등장은 착장 위세품으로 시사되는 간접 지배의 후행지표로 이해하여도 좋을 것이다. 이러한 점에서 전술한 대전 용산동 고분군 출토 한성양식 광구장경호는 대전 일대가 적어도 백제 중앙의 간접 지배로 편제 완료된 사정을 말해주는 것으로 볼 수 있을 것이다.

광구장경호의 자세한 변천 양상에 대해서는 아직 밝혀야 할 부분이 많으나, 전술한 것처럼 돌대나 파상선문 등 목부분의 세부 형태적 특징은 시기적인 변화와 관련이 많은 것으로 보인다. 상대적으로 이른 시기의 것은 목의 벌어진 정도가 작을 뿐 아니라 돌대가 없는 경우가 많으나, 시간의 경과와 더불어 외반도가 더욱 커져 나팔 모양을 띠고 돌대의 숫자도 많아지는 경향을 보인다. 다수의 돌대 사이에 파상선문이 더해진 것으로서 전형적인 예는 청원군 주성리(主城里) 2호 석곽 출토품(원색사진 8 참조)을 들 수 있는데, 그 시기는 대략 5세기 중엽경으로 볼 수 있다.

4) 평견호

평견호(平肩壺)라는 이름은 여기서 처음 사용하는 것이지만, 이미 다른 연구자(車勇杰 외 1990 ; 金成南, 2001)들에 의해 유견호(有肩壺)로 부르던 것 가운데 일부를 구분하여 이렇게 부르고자 한다. '유견호'라는 용어 자체의 의미는 어깨가 있다는 것이므로 흔히 항아리류의 몸체 형태를 설명할 때 가장 폭이 넓은 곳이 상부에 위치할 경우 '어깨가 있다'는 표현이 가능하여, 거의 수평에 가깝게 편평한 어깨를 가지면서 상대적으로 목지름이 작고 곧은 목을 가진 이 기종의 생김새 (사진 36)를 정확히 전달하기 어렵기 때문이다. 그 뿐만 아니라 뒤에

사진 36. 청주 신봉동 고분군 출토 평견호

서 말하는 것처럼 이 토기의 기원이나 계통 파악에 있어서도 기존 연구자들과 얼마간 견해를 달리하고 있어 필자는 유견호라는 이름 대신 평견호라는 명칭을 부여하고자 한다.

신봉동 고분군 발굴자들은 이 기종의 기원을 낙랑토기에 있는 것으로 이해한 바(車勇杰 외, 1990) 있는데, 이에 대해서는 필자도 기본적으로 동의하고 있다. 그러나, 이들은 필자가 한강유역 원삼국시대 토기 가운데 회(흑)색무문양토기 기술적 유형 가운데 평저호가 낙랑토기의 영향을 받은 것이라는 견해을 좇아 가평(加平) 마장리(馬場里)나 춘천 중도(中島) 유적 출토품과 같은 계보선상에서 이해하고 있다. 이는 후술할 필자의 생각과는 다르다. 김성남의 경우 이 기종의 기원에 대해서는 특별히 언급하고 있지 않으나 석촌동 고분군에서 확인되는 필자의 회색무문양 평저호를 '유견호'라 칭하고, 여타 화성 마하리(馬霞里) 고분군, 천안 용원리(龍院里) 고분군, 청주 신봉동(新鳳洞) 고분군 등 중서부지

역 출토품도 동일한 이름으로 부르고 있는 점으로 보아 신봉동 보고자
들의 생각과 다르지 않은 것으로 이해된다.

석촌동 3호 적석총 동쪽 지역 고분군에서 출토된 회색무문양 평저호
들은 목이 짧고 어깨 부분이 둥근 것인데 비해 용원리, 신봉동 등의 이
른바 '유견호'는 목이 곧고 길뿐 아니라 어깨와 몸체의 경계가 날카롭
게 각이 지고 편평하다. 석촌동 3호분 동쪽 고분군의 예와 동일한 것은
마하리 1호 목곽묘 출토품 등이 있는데, 그 시기는 늦어도 4세기 초엽
을 더 내려오지 않는다. 반면에 용원리 등의 이른바 '유견호'는 4세기
후반~5세기 전반 혹은 중엽경에 집중되고 있어 이들 사이에 연속성을
상정하기가 쉽지 않다. 이러한 점에서 필자는 석촌동 3호 동쪽 고분군
출토품을 대표로 하는 그룹을 원삼국시대의 회색무문양토기 기술적 유
형에 속하는 '평저단경호'로 부르고, 용원리나 신봉동 등의 한성기 백
제에 해당하는 것들은 별도로 '평견호'로 구분해 부르기로 한다.

평견호의 출현과 관련해 필자는 낙랑과의 관련성을 상정하고 있음은
전술한 바와 같다. 그러나, 원삼국시대의 회색무문양 평저호와는 직접
적으로 연결되는 것이 아니라 4세기 전반경의 어느 무렵 낙랑 지역으로
부터 새로운 파급에 의한 것으로 이해하고 있다. 이러한 점에서 지금까
지 확인된 평견호 가운데 주목되는 것이 원주 법천리 26호 토광묘 출토
품이다(그림 21). 이 토기는 마치 물레 성형을 한 듯 내부 벽면에 회전
정면 흔적이 뚜렷하다.

이러한 토기 제작 기법은 지금까지 자료로 보는 한 한성기 백제에서

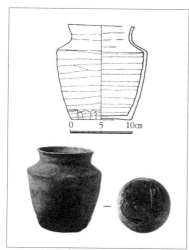

그림 21. 법천리 26호묘 출토 평견호

는 찾아보기 어려웠던 것이므로 그 계통은 낙랑을 제외하고 생각하기 어렵다. 잘 아는 것처럼 낙랑은 313년에 멸망되고 이어서 314년에는 대방(帶方)도 공식적으로 소멸된다. 낙랑이나 대방 등의 중국 군현 하의 주민들이 3세기 전반경부터 백제 지역으로 다수 유입되었음은 최근 경기도 지역에서 발견되는 낙랑계 토기들로써 잘 알 수 있지만, 아마도 이 무렵 이후 여러 기회에 군현민들이 백제 지역으로 유입되었을 것으로 생각된다. 그러한 과정에서 낙랑 지역의 토기 제작 기술과 더불어 평견호와 같은 새로운 토기 기종도 백제에 등장하였을 것이다. 평견호는 기존의 한강유역 원삼국시대의 회색무문양토기 평저호의 모델이 되었던 기종의 후속 기종으로 지속되던 것이 군현의 소멸과 함께 백제 지역으로 파급된 것으로 이해된다. 이러한 점에서 평견호와 원삼국시대 무문양 평저호는 그 계보가 간접적으로 연관이 있다고 할 수도 있다. 형태적 차이가 큰 점이나 시기 차이 등은 이러한 과정을 반영하는 것으로 이해하고자 한다.

지금까지 알려진 유견호의 분포를 보면, 서울의 석촌동 고분군, 원주 법천리, 안성 도기동(道基洞), 천안 용원리 고분군, 청주 신봉동 고분군, 서산 대산면, 대전 구성동 유적 등 주로 한강유역에서부터 금강 이북 지역에 집중된다.

기존의 '유견호'에 대한 형식 발전은 대체로 어깨의 형태에 주목하여 둥근 어깨→각진 어깨의 순으로 보는 견해가 제시된 바(金成南, 2001 ; 趙龍鎬, 2005) 있으나 전술한 사항들을 고려한다면 면밀한 재검토의 여지가 있다.

3. 저장용기류

토기의 형태로 볼 때 구연부보다 몸체 부분이 훨씬 큰 것은 무엇인가를 저장하는 기능이 있다 할 수 있다. 이런 의미에서는 호(壺) 즉, 항아리나 옹(甕) 등은 저장을 목적으로 한 토기 종류임에 틀림없을 것이다. 호나 옹은 그 형태상으로는 차이가 거의 없지만, 편의상 일정한 크기를 기준으로 하여 구분하는 것이 일반적이다. 필자는 전체 높이가 45cm 이상인 것을 옹(원색사진 17)이라 별도로 구분한 바 있다(朴淳發, 1989). 여기서는 그러한 옹에 대해 살펴보기로 한다.

옹의 출현은 지금까지의 자료로 보는 한 한강유역 및 중서부지역 원삼국시대 제Ⅲ기(200~250년) 무렵에 등장하는 것으로 이해된다(그림 3 참조). 원삼국시대의 늦은 시기에 들어 이처럼 대형의 저장용기로서 옹이 등장하는 배경에 대해서는 아직 분명하지 않은 점이 많으나, 정치·

사회적인 발달과 더불어 잉여 생산물을 거둬들이고 이를 다시 분배하는 등의 이른바 재분배(再分配) 기능의 확립과 밀접한 관련이 있을 것으로 여겨진다.

재분배 기능은 특정 사회의 정치적 발달 정도를 가늠하는 중요한 지표가 되기도 하는데, 국가 사회와 같이 다양한 정치적 행정적 수요가 발생하는 사회에서는 생업으로부터 해방되어 전업적으로 그러한 일에 종사하는 사람들이 필요하게 된다. 이들은 대체로 지배 계층에 해당되는 것으로서 그 존립 기반은 다수의 일차 생업에 종사하는 사람들로부터 거둔 잉여 생산물이다. 이러한 잉여 생산물의 수취(收取)가 강제성을 띠게 되면 조세(租稅)가 되는 것이다. 대형 저장용기의 등장이 원삼국시대 늦은 단계에 집중되는 양상은 그러한 사회적 분위기를 말해주는 것으로 볼 수 있다.

대형 저장용기로서의 옹이 많이 소용되는 곳은 그러한 수취가 집중되는 곳임은 물론인데, 마을 단위의 창고터나 한 국가의 중심지인 도성 지역이 그에 해당될 것이다. 한성시기 도성을 구성하는 2개의 성 가운데 하나였던 몽촌토성에서는 그러한 옹이 다수 출토되고 있어 그와 같은 추정을 뒷받침해 준다. 몽촌토성의 경우 전체 기종의 약 11%을 차지하고 있다.

옹의 형태적인 변천 양상은 여타 기종에 비해 잘 알려져 있지 않다. 주로 생활 유적에서만 출토될 뿐 편년(編年)하기에 적합한 고분에서 출토되는 예가 매우 드물기 때문이다. 여기서는 대략적인 변화 양상을 설명해 두고자 한다.

1) 원삼국시대 옹

지금까지 알려진 원삼국시대 옹 가운데 그 시기가 가장 이른 것으로
는 하남시 미사리(渼沙里) A-1호 주거지 출토품을 들 수 있다. 전체 높
이가 47㎝ 가량 되는 이 옹의 어깨 부분에는 마름모꼴의 무늬가 찍혀
있다. 이러한 어깨 문양은 이후 원삼국시대 옹의 특징으로서 지속된다.
미사리 옹의 시기는 함께 나온 청동제 거울을 통해 짐작할 수 있다(사
진 2 및 그림 5 참조). 이 거울은 중국의 후한(後漢) 말~서진(西晉) 초
무렵의 거울을 되찍어 만든 이른바 방제경(仿製鏡)이므로 그 시기는 기
원후 200년 무렵으로 비정할 수 있다.

원삼국시대 옹의 어깨에 찍힌 문양은 톱니 모양의 거치문(鋸齒文), 삼
각형문, 마름모꼴의 능형문(菱形紋), 둥근 원문(圓紋) 등이 있다(그림
22). 이와 유사한 예는 중국의 후한대에도 알려져 있다. 중국에서는 이
를 '도인(陶印)'이라 부르고 있다. 우리의 원삼국시대의 경우도 그러하
지만, 도인은 토기 제작의 마지막 단계에 찍었던 것으로 판단된다. 그
의미에 대해서는 아직 분명하지 않으나, 제작의 성공적 완성이나 저장
되는 내용물의 풍요(豊饒) 등의 기원을 담은 표현으로 추정된다. 중국
에 유사한 예가 존재하는 것으로 보아 아마도 낙랑 등의 중국 군현을
통해 유입되었을 가능성이 있다.

어깨에 문양이 있는 옹은 이후 백제의 한성 Ⅰ기(250~350년)에도 지

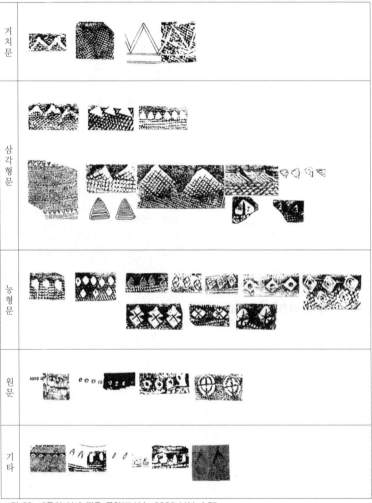

거치문	
삼각형문	
능형문	
원문	
기타	

그림 22. 대옹의 어깨 찍은 문양(조성숙, 2005 부분 수정)

속된다. 이 무렵 옹의 특징은 어깨의 문양 이외에도 저부(底部) 즉, 밑바닥에 납작하고 둥근 돌기 모양이 달리며, 몸체 표면에는 격자문이 가득 찍혀 있는 것이다.

사진 37. 고창 송용리 출토 합구옹관

이러한 옹은 저장용기로서의 본래의 기능과 달리 옹관(甕棺)으로 전용(轉用)되기도 한다(사진 37). 옹관으로 전용된 예는 특히 금강 이남의 호남지역에서 많이 볼 수 있다. 옹관은 어린이 등 아직 정식으로 사회 성원이 되지 못한 사람의 매장시설인데, 어린이의 경

사진 38. 군산대학교박물관 소장 대형 전형옹관

우 앞 장 '백제의 부엌과 취사용기'에서 본 장란형토기 등이 주로 사용되었다. 그런데, 2개의 대옹을 마주 댄 이른바 합구옹관(合口甕棺)은 어른을 매장할 수 있는 정도의 크기이다. 어린이뿐 아니라 어른도 옹관에 넣어 매장하는 이러한 전통은 영산강(榮山江)유역에서 줄곧 지속되는데, 그에 따라 처음부터 옹관으로 사용하기 위해 만든 'U'자 모양의 전용(專用) 옹관이 등장하기에 이른다(사진 38). 그 시기는 대략 4세기 중엽~후반에 해당된다(그림 10 참조).

2) 백제시대의 옹

대략 한성 Ⅱ기(350~475년)에 들어오면 원삼국시대 이래 보이던 어깨
도인과 더불어 저부의 돌기 등이 소멸되고, 몸체 표면에도 타날문이 없
어지는 등의 변화가 보인다. 이러한 변화의 정확한 시기는 아직 확실하
지 않으나, 이와 관련해 주목되는 예가 포천 자작리(自作里) 2호 주거지
출토품이다. 이곳에서는 격자문이 있는 것, 평행선문이 타날된 것 등과
함께 무문양의 대옹이 함께 나왔다. 이들은 또한 중국 동진(東晋) 청자
와과 함께 나왔으므로 그 시기는 대략 4세기 후반경으로 볼 수 있다.

한성시기 동안의 옹은 자작리 2
호 주거지 출토품과 유사한 것으
로서 몸체가 무문이면서 목이 긴
것이 주류를 이루고 있는데, 이를
편의상 장경옹(長頸甕)이라 한다

사진 39. 몽촌토성 출토 장경옹   사진 40. 부여 쌍북리 출토 대옹

(사진 39). 한편, 몸체의 모양이 계란형이면서 목이 짧은 옹도 등장하는
데, 이러한 형태의 옹을 편의상 난형옹(卵形甕)이라 부르기로 한다. 난
형옹의 표면에는 평행선문이 타날된 것이 많은데, 이러한 경향은 이후
사비기(538~660년)까지 이어진다.

사비기의 옹은 형태상으로 보면 난형옹이 주류를 이루고 있다. 그러
나, 한성기의 것과 달리 목이 매우 짧고 구연부가 요즈음의 장독대의
옹기와 비슷하게 매우 두껍다(사진 40).

4. 공헌용기류

공헌용기(貢獻用器)란 제의(祭儀)와 같은 특별한 용도의 토기를 말하
는데, 백제토기 가운데 대표적인 것으로는 기대(器臺) 즉, 그릇받침을
들 수 있다. 기대의 생김새는 맨 위에 항아리 등을 올려놓기 위한 '그릇
받이' 부분, 그 아래 그릇받이를
지탱하는 몸체, 그리고 대각(臺却)
즉, 굽다리 등으로 구성되어 있다.
몸체의 형태를 기준으로 크게 2가
지 종류로 나눌 수 있다. 몸체가
원통모양인 것을 '원통형기대(圓
筒形器臺)'라 부르며(원색사진 9),
몸체가 생략되어 그릇받이에 바로

사진 41. 몽촌토성 출토 배형기대

나팔 모양의 굽다리가 달린 것을 발형기대(鉢形器臺) 혹은 '배형기대(杯
形器臺)'라 한다(사진 41).

이러한 형태의 기대는 백제뿐 아니라 신라나 가야 등지에도 널리 유
행하였다. 그러나, 고구려의 경우는 기대가 전혀 확인되지 않아 흥미롭
다. 이점은 앞서 본 고배의 경우와 같다. 아마도 제의문화상에 차이가
있었을 것으로 이해된다.

1) 원통형기대

원통형기대는 지금까지 백제의 도성 지역에서 집중적으로 출토되고

사진 42. 부안 죽막동 유적 출토 각종 토기

있다. 풍납토성과 몽촌토성 등 한성기의 백제 도성을 구성하던 성내에서 특히 많이 출토되었다. 이러한 점으로 미루어 기대는 일반인들보다는 왕실을 비롯한 귀족들의 제의문화와 밀접한 관련이 있는 것으로 볼 수 있다. 몽촌토성의 예를 보면 전체 한성기 토기 가운데 약 6% 가량의 비중을 차지하고 있다. 도성 지역 이외의 출토예는 포천 자작리 2호 주거지, 전북 부안 죽막동 제사 유적 등이 있다(사진 42 참조). 자작리 2호 주거지에서는 동진제 청자편도 함께 출토되어 당시 중앙과 밀접한 관련이 있는 지방 유력자가 거주하였던 것으로 보이며, 부안 죽막동은 항해의 안전을 기원하는 국가적인 제사가 행해졌던 곳이다. 그러한 출토예를 통해 기대의 위상을 잘 알 수 있다.

한성기 원통형기대의 세부적인 형태를 보면, 그릇받이는 광구장경호 모양으로 된 것과 개배 혹은 완 모양으로 된 것이 있으며, 몸체는 대략 3개 정도의 돌대가 돌려져 있는데 돌대의 단면 모양은 사각형으로 된 것과 삼각형으로 된 것이 있다. 사각형 띠 모양의 돌대를 가진 것이 삼각형에 비해 시기적으로 얼마간 앞선 것으로 파악된다. 돌대와 돌대 사이의 몸통에는 투창(透窓)이 뚫려 있는데, 투창의 모양은 직사각형, 삼각형, 원형 등이 있다. 이러한 투창 이외에 여러가지 문양이 베풀어지기도 하는데, 물결 모양의 파상선문, 점을 찍어 톱날 모양을 띠게 한 것, 원점을 찍은 것, 격자문을 시문한 것, 고사리 모양의 띠를 붙인 것 등이 있다. 대각의 모양은 나팔 모양으로 끝이 벌어지게 한 것과 장고처럼 끝이 부푼 것 등이 있다(그림 23).

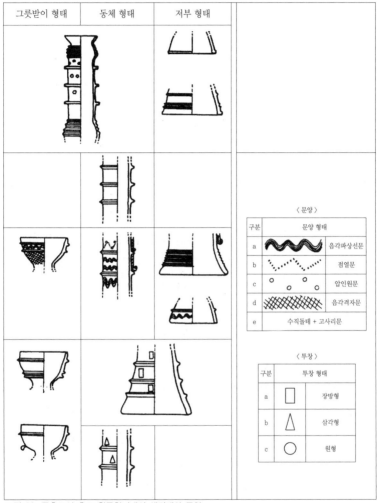

그릇받이 형태	동체 형태	저부 형태

〈 문양 〉

구분	문양 형태	
a		음각파상선문
b		점열문
c		압인원문
d		음각격자문
e	수직돌태 + 고사리문	

〈 투창 〉

구분	투창 형태	
a		장방형
b		삼각형
c		원형

그림 23. 몽촌토성 출토 원통형기대의 생김새와 문양

원통형기대의 등장 시기는 아직 분명하지 않으나 앞서 본 포천 자작리 2호 주거지 출토품의 경우 중국의 동진대 청자와 함께 나온 점으로 보아 대략 4세기 후반경으로 볼 수 있다. 이 기대는 그 형태가 아주 이른 단계로는 볼 수 없으므로 4세기 전반경의 어느 무렵에 이미 원통형기대가 출현하였을 가능성이 있다.

　웅진기의 원통형기대는 몸체 부분이 대각 부분에 비해 상대적으로 짧으면서 대각이 장고처럼 크게 팽창한 것이 주류를 이룬다. 그리고 몸체에는 두 개의 원을 눈사람 모양이 되도록 이어 붙인 투창이나 하트 모양의 투창이 있으며, 고사리 모양의 흙판을 붙인 것이 많다. 원통형기대는 한성기 동안에는 모두 생활 유적에서 출토되었으나, 웅진기에 들면 무덤에 부장되기도 한 것으로 추정된다. 웅진기의 왕실 묘역인 공주 송산리(宋山里) 고분군에서 출토된 것으로 전하는 기대가 있기 때문이다(원색사진 10). 기대가 이처럼 무덤의 부장품으로는 그다지 흔히 사용되지 않은 양상은 신라나 가야 지역과는 매우 대조적이다. 신라·가야 지역의 경우 기대는 부장품의 필수품목이기 때문이다. 이러한 차이는 역시 두 지역 사이에 제의문화의 차이가 있었음을 시사하는 것으로서 주목된다.

　사비기의 원통형기대는 웅진기와 거의 같으나, 웅진기에는 장고형대각을 가진 기대 이외에 한성기의 기대와 동일한 형태도 일부 남아 있는데 비해 사비기는 장고형기대 일색으로 바뀌는 점이 다르다.

2) 배형기대

　배형기대는 원통형기대에 비해 그 수량이 훨씬 적다. 한성기의 중앙
지역에서 나온 한성양식 배형기대는 몽촌토성 출토품 1점에 불과하다
(사진 41 참조). 그러나, 천안이나 논산 등 한성기의 지방지역에서는 배
형기대가 다수 확인되었다. 천안 두정동 주거지 출토 배형기대는 그 형
태가 몽촌토성 출토품과는 사뭇 다르다(원색사진 7). 이러한 형태의 배
형기대는 신라나 가야 지역에서 흔히 볼 수 있는 것이어서 한성양식의
기대와는 관련이 없는 토착 형태로 판단된다. 구체적으로 이와 거의 같
은 기대는 낙동강 서쪽의 고령이나 서부경남 지역에서 찾아 볼 수 있

다. 천안을 비롯한 금강유역의 세
력들은 일찍부터 낙동강 서쪽의
가야지역과 교류가 있었던 것으로
이해된다. 이들 지역과의 비교를
통해 두정동 배형기대는 대략 4세
기 말경으로 볼 수 있다.

　논산지역의 배형기대는 주로 무
덤의 부장품으로 나타난다. 이러
한 양상은 전술한 원통형기대의
경우에서 본 것처럼 기대가 무덤
에 부장되지 않는 백제의 중앙 지
역과 매우 다른 점이다. 논산을 비

사진 43. 논산 모촌리 출토 배형기대와 광구장
경호

사진 45. 고창 봉덕리 유적 출토 배형기대

사진 44. 부안 죽막동 유적 출토 배형기대와 광구장경호

롯한 금강유역의 배형기대는 대각에 삼각형 투창이 뚫려 있는 것이 많다(사진 43). 최근 공주 수촌리 고분군에서도 동일한 배형기대가 출토된 바 있는데, 그 시기는 대략 5세기 전반경이다.

한편, 전술한 부안 죽막동 제사 유적 출토 배형기대(사진 44)는 논산을 비롯한 금강유역과도 차이가 있는데, 이는 인접한 고창지역의 그것과 유사하다(사진 45).

5. 기타 기종

1) 절복호

'절복호(節腹壺)'란 바닥이 편평한 평저(平底)이고 짧고 밖으로 벌어

진 외반(外反) 구연을 가진 것으로
서 전체 높이가 7~12㎝ 정도의 작
은 단지 모양 토기이다. 몸체의 가
운데 부분에 얕은 돌대 혹은 음각
선이 있고 이를 경계로 몸체가 날
카롭게 꺾여 마치 주판알 모양을
하고 있는 특이한 토기이다. 이 토
기에 대해서는 그간 주목하지 못

사진 46. 서천 봉선리 고분군 출토 절복호

하였으나, 시기적으로 대략 한성 Ⅱ기(350~475년)부터 웅진기에 걸쳐
성행하다가 소멸되는 등의 특징이 뚜렷하여 그 중요성을 인식하게 되
었다. 이 토기에 대해 필자는 '평저능형광구소호(平底菱形廣口小壺)'라
는 다소 긴 명칭을 부여한 적(朴淳發, 2003d) 있으나 몸체의 한 가운데
가 한 번 꺾인 것이 가장 큰 특징이라 여겨져 '절복호'라 고쳐 부르게
되었다(사진 46 및 그림 24).

　지금까지 확인된 절복호의 수는 20여 개체 이상 되는데, 그 출토지는
서울의 몽촌토성, 풍납토성, 용인 수지 주거지, 천안 용원리 C 지구 석
곽묘, 청주 신봉동 고분군, 청원 부강리 고분군, 대전 오정동 고분, 공
주 산의리 고분군, 논산 표정리 고분, 논산 모촌리 고분, 공주 분강·부
여 저석리 고분군, 공주 소학리(巢鶴里), 부여 염창리(鹽倉里), 익산 웅
포리 고분군, 군산 산월리 고분군, 부안 창북리, 담양 유천리(柳川里)
등 한강유역~금강유역 사이에 높은 분포를 보이지만 호남지역에도 일

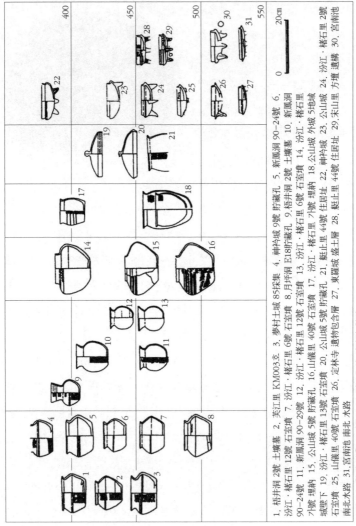

그림 24. 함께 나온 토기들로 본 점토호의 시간적 위치

1. 梧井洞 2號 土壙墓　2. 美江里 KM003호　3. 夢村土城 85採集　4. 神衿城 9號 貯藏孔　5. 新鳳洞 90-24號　6. 汾江·楮石里 12號 石室墳　7. 汾江·楮石里 6號 石室墳　8. 月坪洞 2號 土壙墓　9. 梧井洞 2號 貯藏孔　10. 新鳳洞 90-24號　11. 新鳳洞 90-29號　12. 汾江·楮石里 12號 石室墳　13. 汾江·楮石里 6號 石室墳　14. 汾江·楮石里 7號 埋納　15. 公山城 外城 5地域 埋納　16. 山儀里 40號 石室墳　17. 汾江·楮石里 13號 石室墳　18. 公山城 7號 住居址　19. 汾江·楮石里 13號 貯藏孔　20. 公山城 5號 貯藏孔　21. 神衿城 44號 住居址　22. 公山城　23. 汾江·楮石里 2號 石室墳　24. 汾江·楮石里 3號 石室墳　25. 山儀里 40號 石室墳　26. 艇止里 44號 住居址　27. 東羅城 盛土層　28. 定林寺 遺物包含層　29. 末山里 方墳 遺構　30. 宮南池 南北水路　31. 宮南池 南北水路

부 확인되고 있다.

그 기원지가 어디이고 출현 시점이 언제인지에 대해서는 아직 분명하지 않는 점이 많으나, 최근의 연구 결과(土田純子, 2006)에 의하면 3세기 중엽경의 낙랑 지역에도 이와 유사한 토기가 확인되어 그와 관련될 가능성이 있다고 한다. 청주 신봉동이나 대전 오정동 고분군 등 고분 출토 자료로 보아 그 출현 시점은 대략 4세기 후반경의 어느 무렵으로 추정할 수 있는데, 이 경우 313년에 멸망한 낙랑과의 직접적 관련성을 상정하기에는 얼마간의 시간적 공백이 문제가 될 수 있다. 절복호는 앞서 본 평견호(平肩壺)와 동일한 계기로 등장하였을 가능성도 배제하기 어렵다. 4세기 전반경으로 올라가는 자료가 확인된다면 낙랑과의 연관성이 더욱 분명해질 수 있을 것이다.

2) 병형토기

병이란 몸체에 비해 목과 구연부가 현저하게 작아서 액체를 저장하고 이동하기에 편리한 기종을 말한다. 백제토기 가운데 이러한 병 모양과 유사한 종류를 병형토기라 부르기로 한다. 현재까지 알려진 병형토기는 모두 160여 개체에 이르는데(土田純子, 2005 ; 徐賢珠, 2006), 목 부분 생김새의 차이에 의해 크게 2가지로 나눌 수 있다. 목이 짧은 단경병(短頸瓶)과 목이 긴 장경병(長頸瓶)이 그것이다. 병형토기는 생활 유적에서 나온 것도 있으나 석촌동 3호분 동쪽 고분군을 비롯하여 대체로 한성 Ⅱ기 이후의 무덤에 부장된 예가 매우 많다.

단경병(원색사진 20)은 장경병(원색사진 22)보다 먼저 출현하여 이후 백제 전 기간에 걸쳐 제작, 사용되었다. 단경병의 시작은 자세하지는 않으나 대략 한성 Ⅱ기(350~475년)에 들어와 등장하는 것으로 이해된다. 등장 배경과 관련해서는 중국의 동진과 백제가 본격적으로 교류하는 과정에서 계수호(鷄首壺)나 반구호(盤口壺) 등의 영향을 받았을 것이라는 견해(土田純子2005)가 있다. 새로운 그릇의 등장은 그와 관련된 음식 문화와 불가분의 관계가 있을 것인데, 계수호나 반구호는 차나 술과 관계가 깊으므로 백제토기에서 단경병의 등장은 아마도 술의 보편화와 함께 생각해 볼 수 있을 것이다.

단경병이 이처럼 긴 기간에 걸쳐 지속되었으므로 당연히 시간의 경과와 더불어 형태상의 변화도 있었다. 알려진 자료로 보면 한성기의 병은 몸체의 아랫부분이 부른 것이나 아래 위의 직경이 대체로 비슷한 것이 주류를 이루는데 비해, 사비기의 것은 어깨가 부풀어 오른 것이 대부분이다. 웅진기의 단경병은 대체로 한성기와 형태적으로 유사점이 많다 (그림 25).

장경병은 웅진기에 처음 보이기 시작하는데, 출토지는 알려져 있지 않으나 무령왕릉(武寧王陵) 출토 중국 청자병과 꼭 같은 것이 있어 주목된다(원색사진 21). 이로 보아 장경병은 중국의 자기병을 모방하여 만들어지게 된 것으로 판단된다. 웅진기의 장경병은 어깨에 뉴(鈕)가 달려 있는데, 이러한 형태의 장경병은 중국에서도 대략 6세기 후반까지 이어진다.

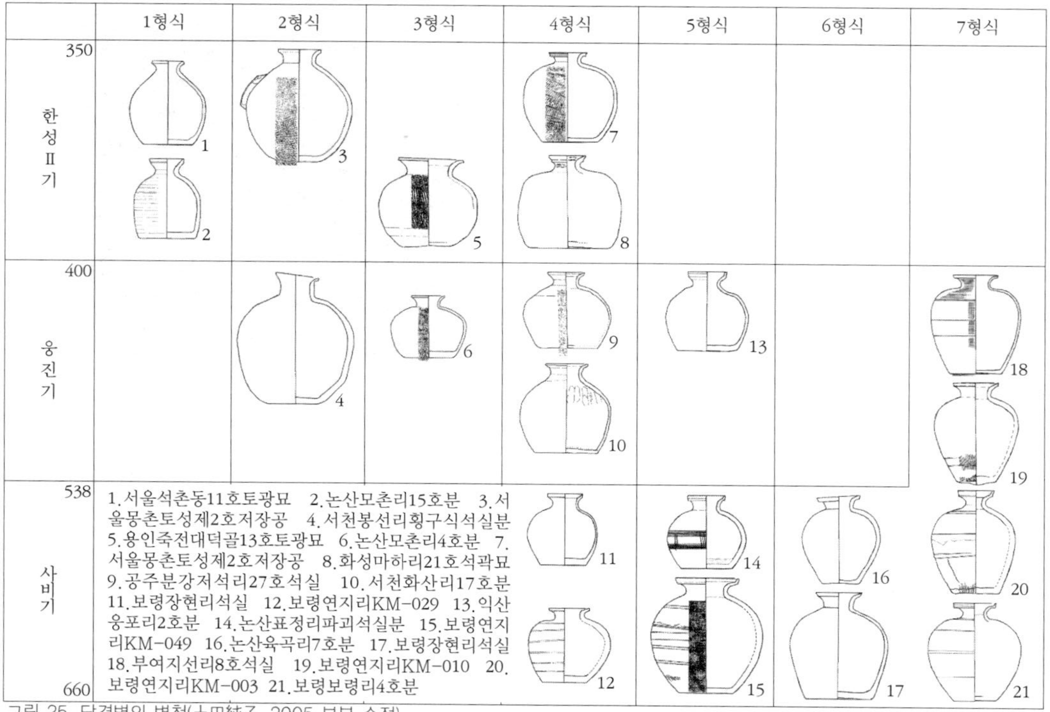

	1형식	2형식	3형식	4형식	5형식	6형식	7형식
한성Ⅱ기 350							
웅진기 400							
사비기 538 660							

1.서울석촌동11호토광묘 2.논산모촌리15호분 3.서울몽촌토성제2호저장공 4.서울풍납토성경당구역실분 5.서울몽촌토성내외곽13호토광묘 6.논산모촌리4호분 7.서울풍납토성제2호저장공 8.청양마하리21호석곽묘 9.공주수촌리강자석지석실 10.서천화산리17호분 11.보령장현리석실 12.보령연지리KM-029 13.아산유포리2호분 14.논산표정리피파괴석실분 15.보령연지리KM-049 16.논산육곡리7호분 17.보령장현리석실 18.부여지선리8호석실 19.보령연지리KM-010 20.보령연지리KM-003 21.보령보령리4호분

그림 25. 단경병의 변천(土田純子. 2005 부분 수정)

한편, 뉴가 달리지 않으면서 목이 가늘어진 장경병도 확인된 바 있다. 해남 용일리 용운 3호분, 전 논산 표정리 출토품 등이 그것이다. 이들의 시간적 위치는 대체로 웅진기~사비기에 걸치는 것으로 보인다. 중국에서도 대체로 6세기 전반경에 이와 매우 유사한 형태의 장경병이 확인되는데, 낙양(洛陽) 맹진(孟津) 북진촌(北陳村) 북위(北魏) 왕온(王溫 : 532년 졸)묘 출토 토기 장경병(朱亮 · 李德方, 1995)과 복건성(福建省) 복주(福州) 홍당(洪塘) 금계산(金鷄山) M14호 남조(南朝) 무덤 출토 청자 장경병(曾凡1992) 등이 그 예이다. 이들은 모두 목과 어깨의 경계 지점에 음각선이 2~3조 돌려져 있으며, 전체 크기는 각각 12.5cm, 19cm 등으로 그 생김새가 백제 지역 출토품과 매우 비슷하다. 백제에서 이 무렵 등장하는 장경병은 역시 그 무렵 남북조시대의 그것과 관련이 있을 것으로 보인다. 현재까지 확인된 예는 전술한 것처럼 많지 않으나 무령왕릉 자기병과 닮은 부류의 뉴가 달린 장경병과 함께 중국에서도 6세기 전반경에 새롭게 등장하는 것으로 보이는 무뉴 장경병이 공존하였던 것으로 이해된다.

이러한 무뉴 장경병은 사비기에도 이어진다(사진 47). 사비기의 장경병으로는 부여 동남리(東南里)

사진 47. 부여 동남리 유적 출토 장경병

사진 48. 부여 동남리 유적 출토 녹유토기와 중국 청자

유적, 부안 죽막동 제사 유적, 나주 대안리 4호묘 등(徐賢珠, 2006) 5점 가량에 지나지 않는다. 전술한 바와 같이 무뉴 장경병은 남북조시대 6세기 전반경에 보이기 시작하지만 대체로 수(隋 : 581~618년)대 이후부터 보편화되는 것으로 보인다. 사비기의 장경병 역시 대체로 7세기대에 해당되는 것으로 이해된다.

백제는 중국의 자기 장경병을 가능하면 충실히 재현하기 위해 노력하였던 것으로 보인다. 녹유(綠釉)를 입힌 장경병이 동남리 유적에서 출토된 바 있는데(사진 48), 당시 높은 온도에서 녹는 청자의 제작은 불가능하였겠지만 낮은 온도에서 녹는 녹유 기술은 이미 습득하고 있었다. 장경병에 녹유가 입혀진 것으로 보아 백제의 녹유 기술

사진 49. 여수 고락산성 출토 녹유 대부완

은 대략 7세기 초 무렵부터 시작될 가능성이 높다. 녹유는 장경병 이외에도 완, 기대, 탁잔 등의 토기에도 입혀지며, 심지어 기와 제작에도 채용되기도 하였다(사진 49). 따라서 이러한 세장한 목을 가진 장경병은 이후 통일신라 늦은 시기까지 이어진다. 그러한 예는 보령 진죽리 통일신라시대 가마터 출토품을 통해 찾아 볼 수 있다.

3) 배부병

'배부병(杯附甁)'은 병의 구연부에 개배 모양의 잔이 달려 있는 매우 특이한 형태의 병을 말한다(원색사진 19). '배부토기(杯附土器)'로 부르는 연구자(徐賢珠, 2006)도 있으나 몸체의 모양이 병이므로 필자는 '배부병'이라 하는 것이 적절할 것으로 본다. 배부병은 지금까지 14개체 정도가 알려져 있다. 천안 용원리 C지구 석곽묘, 청원 주성리 2호 석곽묘, 익산 웅포리 고분군, 나주 복암리 1호분 등 분묘에 부장된 예와 함께 대전 월평동 유적, 완주 배매산성, 여수 고락산성 등 관방 유적에서 주로 출토되고 있다. 형태적인 특징에서도 쉽게 짐작할 수 있듯이 물이나 술 등 음료를 휴대하면서 마시는 용도로 이해되는데, 그 출토지가 군사적인 활동의 무대가 되는 산성 등에 집중되는 점에서도 그러한 추정은 뒷받침될 수 있을 것이다.

배부병의 출현 시기는 천안 주성리 2호 석곽묘의 연대로 보아 대체로 5세기 전반~중엽경으로 판단된다. 그러나, 배부병의 기원이 어디에 있는 지는 잘 알 수 없다. 삼국 가운데는 물론이고 중국에서도 유사한 예

사진 50. 천안 용원리 C지구
석곽묘 출토 배부병

사진 51. 박만식 교수 기증 국립부여박물관 소장 배부병

를 찾아 볼 수 없기 때문이다. 지금으로서는 백제의 독창적인 고유 기
종으로 보아야 할 것이다.

배부병은 병의 몸체 모양이나 그 만듦새에 의해 대략 3가지로 구분할
수 있다. 몸체의 모양이 전술한 단경병과 같은 것과, 자라병 모양으로
된 것이 있다. 자라병 모양의 몸체를 가진 것은 다시 그 만드는 방식에
서 둘로 나뉘어 진다. 첫째는 개배 2개를 마주한 방식이고 둘째는 일반
적인 자라병 형태이다(徐賢珠, 2006). 자세한 관찰이 가능한 것을 기준
으로 하면, 단경병 모양의 몸체를 가진 것은 천안 용원리(사진 50), 청
원 주성리, 부안 죽막동(사진 42 참조) 등 한성기 유적에서 나오고 있어
가장 이른 형태로 판단된다. 개배를 조합한 방식의 몸체를 가진 것(사
진 51)은 대략 사비기 이후로 보이며, 자라병 모양의 몸체는 웅진기~사
비기에 걸쳐 지속된 것으로 판단된다.

4) 장군

장군은 '횡병(橫瓶)'이라고도
하는데, 몸체의 형태가 옆으로
뉜 계란 모양인 것과 한쪽 면이
편평하게 마치 끝을 자른 계란
모양을 한 것이 있다. 편의상
전자를 '둥근 장군', 후자를
'편면(片面) 장군, 이라 부르기

사진 52. 의왕시 출토 장군

로 한다(원색사진 23). 백제 지역에서 지금까지 알려진 장군은 모두 28
개 가량 되는데(權五榮 · 韓志仙, 2003 ; 徐賢珠, 2006), 그 가운데 둥근
장군은 21개체이고 편면 장군은 7개체에 불과하다. 몽촌토성을 비롯한
한성기의 유적에서는 주로 둥근 장군이 보이는 데 비해 편면 장군은 웅
진기 이후로 보인다. 한성기 장군 가운데는 표면에 격자문이나 평행선

사진 53. 나주 신촌리 9호분 출토 편면 장군

문이 타날된 것(사진 52)이 많으나
일부 무문양도 있다. 대체로 시기
가 늦을수록 무문양화 되는 것으
로 보인다.

이러한 변화 경향에 비해 특이한
것이 천안 두정동 I 지구 2호 주
거지 출토품이다. 표면이 무문양
이고 한쪽 측면이 편평한 편면 장

군이어서 늦은 시기의 특징을 모두 갖추고 있다. 그러나, 함께 나온 토기로 보면 늦어도 5세기 전반경이어서 문제가 된다. 한쪽 측면이 편평한 장군은 나주 반남면 신촌리 9호분 출토품(사진 53)이 있는데, 이는 5세기 후반의 늦은 시기에 해당된다. 두정동의 경우 주거지가 많이 유실되어 보고자들도 이 장군이 과연 주거지와 관련 있는지에 대해 확신을 가지고 있지 않다. 장차 확실한 한성기 유적에서 편면 장군이 확인되기까지는 판단을 유보하고자 한다.

5) 파배

'파배(把杯)'란 손잡이가 달려 있는 컵 모양의 토기를 말한다(원색사진 18). 현재까지 알려진 것은 대략 60여 개체 가량 되는데, 그 분포를 보면 서울의 몽촌토성, 원주 법천리 고분군, 천안 용원리 고분군, 천안 용원리 C지구, 천안 두정동, 청원 주성리 고분군, 송대리 고분군, 청주

신봉동 고분군, 청주 가경동, 논산 모촌리 고분군, 공주 안영리 유적, 연기 서면 와촌리 유적, 군산 산월리 고분군, 부안 죽막동 유적 등이다. 이들 가운데 분포의 밀도가 가장 높은 곳은 천안과 청주 지역이다.

사진 54. 천안 두정동 분구묘 출토 파배

백제지역에서 파배가 출현하는

사진 55. 대전 장대동 주거지 출토 파배 및 함께 나온 토기들

시점은 대략 3세기 말~4세기 초 무렵으로 추정되는데, 현재까지 알려
진 가운데 가장 이른 단계에 해당되는 것은 천안 두정동 분구묘(墳丘墓)
출토품(사진 54), 대전 장대동 주거지 출토품(사진 55) 등이 있다. 이들
파배에는 비교적 원형에 가까운 고리형손잡이가 달려 있는데, 거의 같
은 시기로 볼 수 있는 두정동 Ⅰ-2호 주거지 출토품은 이와 달리 마치
말의 몸체 모양의 손잡이가 달려 있다. 고리형손잡이가 달린 파배를 편
의상 A형이라 부르고, 마형손잡이가 달린 것을 B형이라 하기로 한다.
한편, 손잡이의 모양이 쇠뿔 모양이나 달팽이 모양의 나선으로 된 것도
있는데, 이를 C형이라 한다. 그 밖에 짧고 끝이 뭉툭한 손잡이가 양쪽
에 달린 것도 있는데, 이를 D형이라 한다(그림 26).

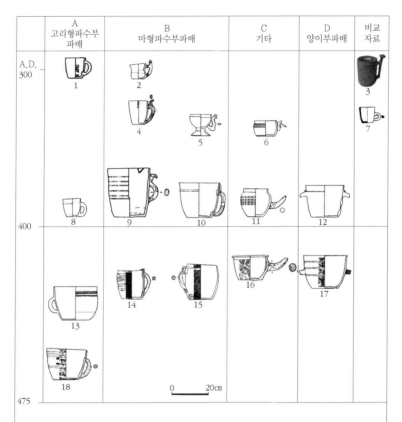

	A 고리형파수부 파배	B 마형파수부파배		C 기타	D 양이부파배	비교 자료
A.D. 300	1	2	4			3
			5	6		7
400	8	9	10	11	12	
	13	14	15	16	17	
475	18	0 20cm				

1. 두정동 분구묘 2. 두정동 I-2주거지 3. 중국 대련시 금주박물관 소장 4. 부안 죽막동 5. 몽촌토성 6.몽촌토성 7. 영성자 2호묘 8. 천안 용원리 35호묘 9. 청주 가경동 4지구 1-2호묘 10. 전 천안 화성리 11. 몽촌토성 12.청주 신봉동 83-14호묘 13. 청주 신봉동 83-3호묘 14. 청주 신봉동 92-94 15. 청주 신봉동 92-10호묘 16. 청주 신봉동 92-4호묘 17. 청주 신봉동 90-53호묘 18. 청주 신봉동 92-93호묘

그림 26. 파배의 변천

백제 지역에 등장하는 파배의 기원은 아직 잘 알려져 있지 않으나, 필자는 요동반도(遼東半島) 일대의 요녕(遼寧) 지역을 주목하고자 한다.〈그림 26〉에서 보는 것처럼 요동반도의 대련시(大連市) 금주(金州) 박물관에는 마형파수가 달린 파배가 소장되어 있으며, 대련시 영성자(營城子) 2호 무덤에서 출토된 고리형파수의 파배도 알려져 있기(森修·內藤寬, 1934) 때문이다. 이들은 모두 후한(後漢)의 늦은 시기에 해당되는 것으로서 대략 3세기 초~전반경으로 비정된다. 백제 지역에 등장하는 시기와는 얼마간의 시차가 있으나 낙랑 등의 군현지역을 거치면서 그 정도의 시간차가 발생하였을 것으로 보아도 좋을 것이다. 이에 대해서는 장차의 검토가 필요할 것이다.

파배는 백제 지역뿐 아니라 신라나 가야 지역에도 분포하고 있다. 특히, 낙동강 중하류유역의 서쪽지역에 밀집되어 있다. 형태적으로 백제의 것과 유사한 것도 있는데, 두 지역 간의 교류의 결과일 수도 있으나, 전술한 것처럼 두 지역 파배의 기원지가 모두 동일한 요녕 지역인 데 따른 것인지도 모른다.

파배의 쓰임새와 관련하여 최근 계량기(計量器) 즉, 용량을 재는 용기로 보는 견해(尹大植, 2004)가 있다. 그와 같은 문제의식은 좋으나, 그 분포가 특정 지역에 치우쳐 있는 점과 함께 중앙 지역에 출토예가 없는 점 등에서 설득력이 약하다. 형태적 특징에서 쉽게 짐작할 수 있는 바와 같이 역시 음료를 마시는 용기로 보는 것이 적절할 것이다.

6) 이부반

'이부반(耳附盤)'이라는 말의 뜻은 귀가 달린 반 즉, 양쪽에 손잡이가 달려 있는 직사각형 혹은 타원형에 가까운 사각형의 반을 가리킨다. 이와 같은 형태의 토기는 1990년대 초 하남시 미사리(渼沙里) 유적을 발굴하면서 처음 확인되어 보고자들에 의해 '토제(土製) 벼루'로 이름이 붙여진 바(尹世英·李弘鍾, 1994) 있다(사진 56). 이로 인해 한동안 백제시대의 벼루로 인식되기도 하였으나, 그 후 필자를 비롯한 연구자들이 중국의 남경(南京) 지역을 답사하는 과정에서 그와 동일한 토제품이 벼루가 아니라 '탁반(托盤)' 즉, 음식물이나 잔 등을 올려놓는데 쓰는 반이라는 사실을 알게 되었다(사진 57). 이러한 새로운 사실은 함께 답사에 참가하였던 연구자들에 의해 이미 학계에 알려져 있으나, 여기서 다시 그러한 점을 분명히 하고자 하며, 아울러 이 토기의 이름을 '이부반'이라 고쳐 부르기로 한다.

중국에서 이부반이 정확히 언제 등장하였는지에 대해 잘 알지 못하

사진 56. 하남 미사리 유적 출토 이부반

사진 57. 중국 남경시립박물관 소장 이부반

나, 학계에 보고된 것으로는 4세기 중엽경의 동진(東晉) 무덤에서 나온 것이 있다(朱蘭霞, 1983). 이부반이 나온 무덤은 1981년도에 조사된 대형 전실묘(塼室墓)인데, 보고자는 이 무덤을 동진의 황제 가운데 한 사람인 목제(穆帝 : 344~361년 재위)의 무덤으로 추정하고 있다. 이러한 추정이 틀리지 않다면 이 이부배는 361년 이전에 제작된 것이 되는 셈이다. 이에 필자는 4세기 중엽경으로 보고자 한다. 문헌 기록에 의하면 백제는 대략 4세기 후반 이후 동진과 매우 활발한 교섭을 전개하였으므로 그 무렵 그러한 과정을 통해 이부반이 들어왔을 가능성을 생각할 수 있겠다.

7) 뚜껑류

뚜껑류는 그 자체로서 하나의 그릇 종류라 하기는 어려우나 유개 삼족기, 고배, 개배, 직구광견호, 직구단경호 등 여러 가지 뚜껑을 필요로 하는 토기류와 함께 백제토기의 변화상을 비교적 잘 나타내주는 부류이다(원색사진 24). 1988년도 몽촌토성 발굴 조사 결과를 기준으로 하면 한성기 백제 기종의 약 9% 가량의 비중을 점하고 있다.

뚜껑은 그것과 결합되는 기종이 무엇인가에 따라 입지름 등의 크기 차이가 있는데, 분석 결과 대략 4가지 정도의 부류로 나타난다. 첫째는 구경이 10cm 미만의 것으로 작은 단지 등의 구경과 거의 같아 그러한 소형 토기와 결합되는 것으로 볼 수 있다. 둘째는 구경이 10~16cm 전후에 달하는 것인데, 이들은 유개 삼족기와 유개 고배 등과 결합되는 것이다. 셋째는 16~30㎝ 전후의 것으로서 반형삼족기와 같이 구경이 넓은 토기에 덮이는 것이다. 마지막으로 구경이 35~40㎝ 가량 되는 것들이 있는데, 이들은 대부합이나 대구경의 반의 뚜껑으로 판단된다.

이러한 크기의 차이에 관계없이 뚜껑류는 손잡이 형태, 뚜껑 천정부분의 형태, 처마 부분 즉, 뚜껑이 덮이는 토기에 직접 닿는 부분인 '드림부'와 뚜껑 천청이 만나는 부분의 형태 등의 차이에서 일정한 변화 경향이 관찰된다.

대체로 천정 부분이 납작하여 높이가 낮은 것이 시기적으로 앞서는 것으로 이해되며, 꼭지의 형태는 둥근 공 모양의 이른바 '보주형(寶珠形)'이 상대적으로 이르다. 보주형은 한성기에 유행하다가 사비기에 들어 다시 한 번 등장한다. 그러나, 사비기의 보주형꼭지가 달린 뚜껑은 고배나 개배의 뚜껑이라기보다 주로 사비기에 등장하는 대부완(臺附盌) 즉, 굽달린 완에 덮이고 있는 것으로 보인다(사진 24 참조).

한성기의 보주형꼭지에 이어 등장하는 것은 나무그루터기 모양의 꼭지이다(사진 58). 이는 대략 한성 Ⅱ기에 등장하여 웅진기의 이른 시점

사진 58. 몽촌토성 출토 뚜껑류

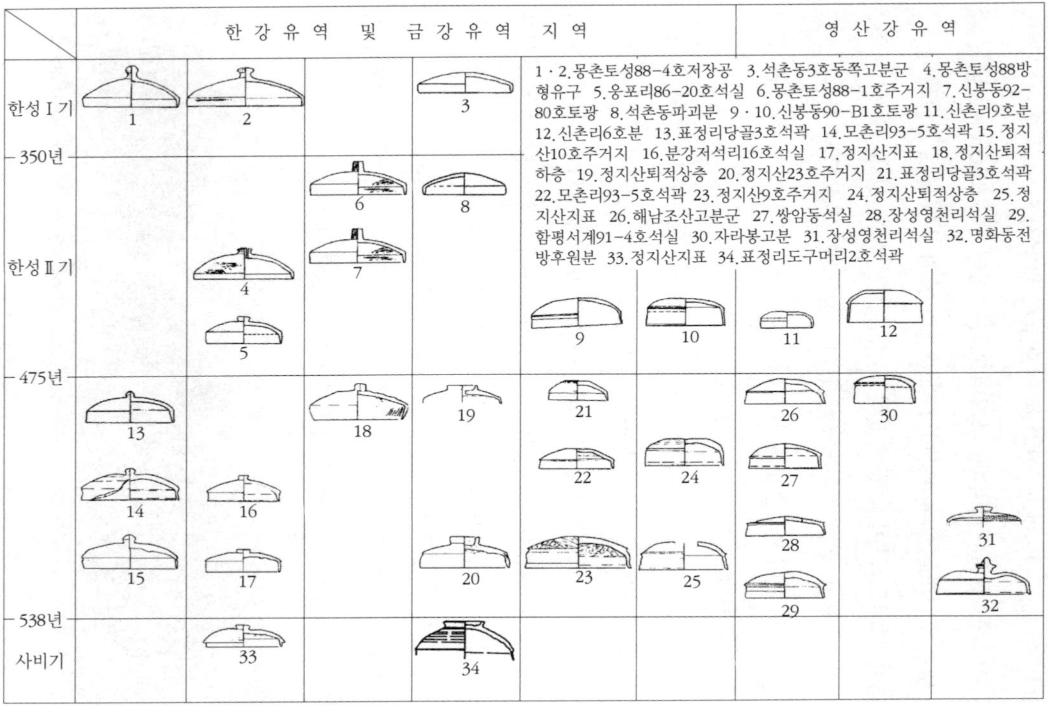
한강유역 및 금강유역 지역
영산강유역
한성 I 기
350년
한성 II 기
475년
538년
사비기
1 · 2. 몽촌토성88-4호저장공 3. 석촌동3호동쪽고분군 4. 몽촌토성88방형유구 5. 웅포리86-20호석실 6. 몽촌토성88-1호주거지 7. 신봉동92-80호토광 8. 석촌동파괴분 9 · 10. 신봉동90-B1호토광 11. 신촌리9호분 12. 신촌리6호분 13. 표정리당골3호석곽 14. 모촌리93-5호석곽 15. 정지산10호주거지 16. 분강저석리16호석실 17. 정지산지표 18. 정지산퇴적하층 19. 정지산퇴적상층 20. 정지산23호주거지 21. 표정리당골3호석곽 22. 모촌리93-5호석곽 23. 정지산9호주거지 24. 정지산퇴적상층 25. 정지산지표 26. 해남조산고분군 27. 쌍암동석실 28. 장성영천리석실 29. 함평서계91-4호석실 30. 자라봉고분 31. 장성영천리석실 32. 명화동전방후원분 33. 정지산지표 34. 표정리도구머리2호석곽
그림 27. 뚜껑류의 변천

까지 계속된다. 보주형꼭지 달린 뚜껑과 나무그루터기 모양의 뚜껑의 처마 부분의 생김새는 이후에 등장하는 것들과 달리 아직 천정부의 끝이 예각을 이루면서 그대로 드림부로 이어지고 있다. 그러나, 이른바 '윤형(輪形)' 즉, 굽다리 모양의 꼭지가 달린 뚜껑의 등장과 함께 처마가 있는 형태로 바뀐다. 천정부 끝이 드림부와의 접합점보다 더 길어서 마치 지붕의 처마가 벽을 덮고 있는 모양이다. 처마형드림부의 등장 시점은 웅진기의 늦은 시점인 500년을 전후한 무렵으로 이해된다. 이후 이러한 형태는 사비기에도 그대로 이어진다.

한편, 꼭지가 없는 이른바 '무뉴식(無鈕式)' 뚜껑도 한성기부터 등장하여 사비기까지 이어진다. 그러나, 천정부의 솟은 정도나 처마부분의 변화는 위에서 설명한 것과 마찬가지로 시기적인 변화 양상을 보인다. 이상의 변화 양상을 정리하면 〈그림 27〉과 같다.

8) 기타

지금까지 백제토기 가운데 주요한 기종을 중심으로 설명하였다. 그리고 비교적 그 내용이 자세하게 알려져 있지 않은 것들에 대해서도 최근까지 드러난 사실들을 중심으로 살펴보았다. 그러나, 여기에 언급되지 않은 기종들도 적지 않다. 이하 그러한 기종들을 간략히 소개해 두기로 한다.

'쌍호(雙壺)' 즉, 조그만 납작밑의 단지 2개가 나란히 붙어 있는 특이한 그릇도 서울의 석촌동 고분군(원색사진 25), 몽촌토성, 대전 용산동

고분군 등지에서 나온 예가
있다. 대략 5세기 전반경에
등장하였던 것으로 이해된
다.

귀때가 달린 단경호(사진
59)는 분강·저석리 고분군
에서 출토된 바 있다. 같이

사진 59. 분강·저석리 고분군 출토 귀때토기

나온 토기들로 보아 한성기
말~웅진기에 걸치는 것으로 추정된다.

자라병은 서울대학교박물관 소장품, 해남 용운리, 무안 맥포리, 신안
신양리(원색사진 26) 등에서 출토된 예가 있다. 그 기능은 음료를 저장
하는 휴대용 용기로 추정되는데, 항해 등의 기회가 많은 해안 및 도서
지역에서 출토된 사례가 많으며, 그 시기는 한성기 말~웅진기 이후가
많다.

전달린토기는 완의 형태를
한 몸체 양쪽에 마치 손잡이
모양의 전이 달린 특이한 형
태의 토기인데, 부여 관북리
추정 왕궁지 및 익산 왕궁리
유적(사진 60) 등 왕실과 밀
접한 관계가 있는 위상이 높

사진 60. 익산 왕궁리 유적 출토 전달린토기

사진 61. 부여 군수리 출토 호자

은 유적에서 주로 출토된다. 왕실이
나 귀족 등 상류 계층의 독특한 음
식 문화와 관련되는 토기로 이해된
다. 그 출현 시기는 대체로 7세기 이
후의 사비기 늦은 시점으로 추정된
다.

그리고, 변기(便器)의 일종인 호자
(虎子)도 있다(사진 61). '호자' 라는
이름은 그 모양이 호랑이처럼 생긴 데서 유래한 것이다. 한성기 이래
중국에서 들어 온 자기제품이 알려져 있었으나, 대체로 사비기에 들어
보편적으로 제작 사용된 것으로 추정된다. 호자는 남성의 소변를 받는
호자와 대변이나 여성용으로 추정되는 변기(원색사진 27) 등이 있다.

청주 봉명동 유적에서는 바가지형토기(사진 62)가 출토되었다. 이러
한 바가지형토기는 중국의 예로 보
아 용량을 재는 량기일 가능성이 있
으나, 백제의 경우는 분명치 않다.
출현 시기는 같이 나온 토기들로 미
루어 대략 4세기 전반경으로 추정된
다.

또한 그릇의 범주에는 들지 않으나
토기로 만들어진 것 가운데는 벼루

사진 62. 청주 봉명동 고분군 출토 바가지형
토기

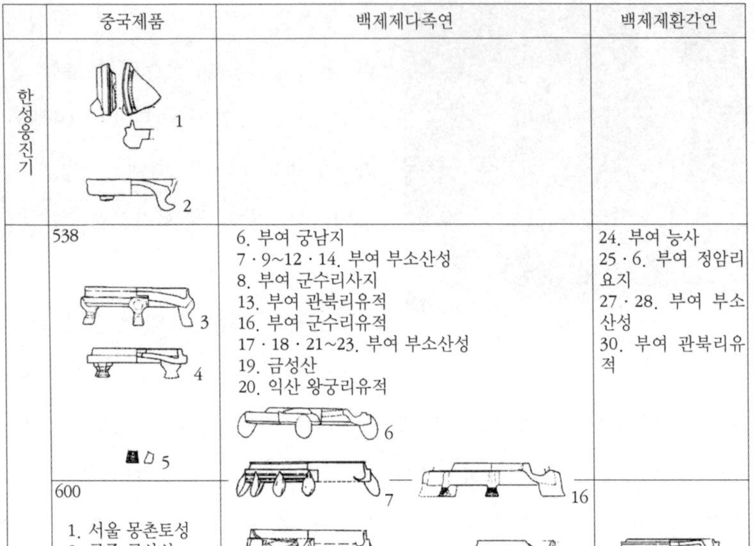

	중국제품	백제제다족연	백제제환각연
한성웅진기	1 2		
사비기	538 3 4 5 600 1. 서울 몽촌토성 2. 공주 공산성 3. 전 부여 발견 4. 부여 동남리유적 5. 부여 궁남지 660　0　　10cm	6. 부여 궁남지 7 · 9~12 · 14. 부여 부소산성 8. 부여 군수리사지 13. 부여 관북리유적 16. 부여 군수리유적 17 · 18 · 21~23. 부여 부소산성 19. 금성산 20. 익산 왕궁리유적 6 7　16 8　17 9　18 10　19 11　12　20 13　21 14　22 0　10cm 15　23	24. 부여 능사 25 · 6. 부여 정암리요지 27 · 28. 부여 부소산성 30. 부여 관북리유적 24 25 26 27 28 29 30 0　10cm

그림 28. 사비기 각종 벼루(山本孝文, 2006 부분 수정)

사진 63. 중국 양주시립박물관(揚州市立博物館)
소장 수대(隋代) 청자 벼루

사진 64. 부여 금성산 출토 벼루

가 있다. 한성기나 웅진기에는 중국에서 수입된 청자(靑瓷) 벼루가 사
용되었음이 몽촌토성 등의 출토품으로써 잘 알 수 있으나, 국가의 지배
력이 강화와 함께 문서행정의 보편화 등 문자 생활의 비중이 높아지는
사비기에 들어오면 중국의 자기제품(사진 63)을 모델로 하여 토기로 만
들어진 벼루(사진 64)들이 제작되기에 이른다. 다리 모양이 물방울 모
양과 유사한 것이나 짐승이 다리 모양을 한 것 등이 알려져 있다. 이러
한 벼루의 자세한 내용은 이미 발표된 연구 성과(山本孝文, 2003 ;
2006)를 참고할 수 있다(그림 28).

영산강유역 토기

1. 영산강유역 원삼국시대의 토기

1990년대 이후 호남지역의 고고학자료가 급증하면서 최근까지 많은 연구 성과가 축적되어 있으나, 그러한 새로운 고고학 자료들을 체계적으로 이해하기 위한 기초 작업의 하나인 편년에 대해서는 구체적으로 검토해야 할 과제가 적지 않다. 본고는 호남지역에서 그간 알려진 고고학 자료들 가운데 원삼국시대에 해당되는 토기 자료를 대상으로 편년 체계를 수립해보고자 한다.

이와 관련해 우선 짚고 가야할 문제가 있다. 그것은 '원삼국시대(原三國時代)'라는 명칭 자체에 대해서이다. 영산강유역의 고고학적 시대 구분을 보면, 대략 1990년대 전반까지는 '원삼국시대'로 부르는 것이 통용되고 있었으나 1990년대 후반부터는 '철기시대'라는 명칭이 등장하였으며, 최근에는 '마한시대'라는 용어도 보이고 있다. 원삼국시대의 명칭을 둘러싸고 전개되는 이러한 혼란상은 비단 호남지역뿐 아니라 지역 간의 비교 연구를 위해서도 결코 바람직한 것이 못된다. 서로 다른 시대구분 용어를 사용하는 각 연구자의 관점을 존중할 필요가 있고 나름의 설득력도 있으나, 시대 구분 용어를 통일하는 데에서 오는 효과에 비하면 결코 중요하지 않을 것이다.

1) 원삼국시대 개념의 재정립

구대륙 고고학에서 시대 구분은 삼시대 구분법에 따라 전통적으로 구석기, 신석기, 청동기, 철기 등의 도구 재질에 따른 시대 명칭을 사용하고 있다. 한반도 고고학도 기본적으로 이러한 시기 구분에 따르고 있으나, 기록이 남아 있는 역사시대에 대해서는 해당 시간대의 대표적인 정치체명을 따라 쓰는 방식을 취하고 있다. 고구려, 백제, 신라 등 고대국가들이 병존하던 시대에 대해서는 고려시대 이래 전통적으로 '삼국시대(三國時代)'로 인식하고 있었음은 『삼국사기(三國史記)』, 『삼국유사(三國遺事)』 등 현재 전하는 대표적인 역사서의 이름에서도 잘 알 수 있다.

그런데, 역사시대로서의 삼국시대와 삼시대 구분법의 과도기에 대한 고고학적 내용이 속속 드러나면서 이 시대를 어떻게 부를 것이냐를 둘러싸고 그간 다양한 견해들이 있었다. '김해기(金海期)', '웅천기(熊川期)' 등은 이 시기에 해당하는 대표적인 유적 이름을 따른 것으로서 현재 고고학에서 일반적으로 채택하는 방식이다. 김해기는 1920년 유명한 김해 회현리(會峴里) 패총 발굴 결과 드러난 고고학적 문화 내용으로 대표되는 시기 명칭이며, 웅천기는 1959~1964년에 걸쳐 진해 웅천면 소재 패총 발굴을 통해 알려진 문화 내용을 표지로 하는 시기라는 의미이다.

'원삼국시대'라는 시기 명칭은 1972년 김원룡(金元龍, 1972)에 의해 처음 사용된 이래 1980~1990년대 전반경까지 학계에서 널리 사용되었다. 1960년대 말까지의 학계 분위기는 『삼국사기』에 언급된 백제, 신라 등의 건국 시점은 믿을 수 없다는 견해가 주류를 이루고 있었다. 1964년도 풍납리 토성 내부를 직접 발굴조사한 김원용 교수는 1967년도에 공표된 보고서를 통하여 이 성의 축조 시기를 기원후 1세기경으로 비정하는 한편 『삼국사기』의 기록이 황당한 것만은 아니라고 하였다. 이어서 같은 해 삼국시대의 시작, 특히 백제 등의 건국 시점을 『삼국사기』에 기록된 연대 그대로 보아도 좋을 것이라는 논문(金元龍1967)을 발표하였다. 이러한 그의 주장은 당시로서는 매우 획기적이었음은 물론이다. 『삼국사기』 등 문헌 기록에 따르면 분명 삼국시대이지만 『삼국지 (三國志)』 위서(魏書) 동이전(東夷傳) 등 당대의 중국측 문헌 기록상으로 보면 아직 완전한 국가 상태에는 도달하지 못하였으므로 이 시대를 '삼국시대 원초기(原初期)' 또는 '원사(原史) 단계의 삼국시대'라는 의미로서 '원삼국시대(Proto-Three Kingdoms Period)'로 부르자는 그의 제안은 당시까지 알려진 최신 고고학 자료에 기초한 것이었다. 원삼국시대의 설정은 문헌사학계의 지지도 얻게 되면서 점차 시대 구분 명칭으로 정착되기 시작하였다. 이 기간에 해당되는 김해기 또는 웅천기 각지 유적의 방사성탄소연대가 대체로 0~300년 사이에 들 뿐 아니라 실질적인 삼국시대의 시작을 300년으로 보는 문헌사학계의 견해를 종합하여 원삼국시대의 시기 폭을 기원전후부터 기원후 300년경으로 설정하게 되었다.

원삼국시대라는 시대 명칭이 문헌사학 및 고고학계에서 보편화되던 무렵인 1987년도에는 삼국시대의 원초기라는 의미에서 한발 더 나아가 『삼국사기』의 내용을 그대로 받아들여도 좋다는 입장에 서서 '삼국시대 전기'라는 용어를 사용하는 것이 바람직하다는 일부 주장도 제기되었다. 이러한 입장은 현재에도 문헌사학계 및 고고학계 소수 의견으로 남아 있다.

1993년에 들어 원삼국시대가 '원사단계의 삼국시대'라는 의미로는 부적합하나 '원초기 삼국시대'라는 의미로 사용된다면 적어도 고고학적 시기 구분으로서는 괜찮으나 문헌사료 상에 보이는 1~3세기 한반도 각지의 역사 전개 내용을 포괄하는 명칭으로는 적절치 못하다는 비판(李賢惠, 1993)이 제기되었다. 이 무렵 북에는 고구려가 이미 국가 단계에 들어서 있고 대동강유역 등에는 낙랑이 존속하며 한강이남지역에는 삼한(三韓)이라는 실체가 문헌상에 분명히 확인되는 데 비해 원삼국시대의 고고학적 문화 내용의 대부분이 실제로는 삼한과 관련된 것이므로 '삼한시대(三韓時代)'라는 문헌사적 시기 구분 용어가 더 적절하다는 것이다. 이러한 비판 이후 '원삼국시대'는 퇴조의 기미가 있었는데 특히, 부산 경남 등 고고학자들을 중심으로 '삼한시대'라는 시기 구분명이 유행하기 시작하였다. 호남지역 등에서는 일부 고고학자에 의해 '철기시대'가 원삼국시대를 대체하기도(崔盛洛, 1999) 하고 충청, 전라 지역을 마한의 옛 땅이라 보아 이 지역의 원삼국시대를 '마한시대'라 하여야 한다는 의견도 있다. 이처럼, 1990년대 초 이후 바야흐로 원삼 국시대 대신 다양한 시기 명칭이 등장하였다.

무릇 '○○시대'라 함은 '○○'이 말 그대로 그 시대를 대표할 수 있 어야 하는데, 앞서 본 여러 시대 명칭이 과연 그 무렵의 한반도 고고학 적 문화 내용을 대표할 수 있는지 의문이다. 삼한은 한반도 남부지역만 을 대표할 뿐이고 그나마 지금의 강원도 지역은 '예(濊)' 또는 예계(濊 系)로서 문헌사료상 삼한이 아님이 분명하므로 '삼한' 대표성은 문제가 되지 않을 수 없으며, 마한 단독으로는 더욱 그러하다. 압록강유역에는 이미 국가 단계로 성장한 고구려가 있고 대동강유역 및 황해도 일대에 는 낙랑으로 대표되는 고유 문화가 있으며, 그 이남에는 예나 삼한과 같이 이후 백제, 신라 등 국가 단계 정치체의 전신(前身)이라 할 수 있 는 다수의 정치체가 있다. 한편, '철기시대'라는 용어에는 역사성이 결 여되어 있다는 단점이 있다. 고구려, 백제, 신라가 병립하던 시대를 삼 국시대로 인식하는 역사 이해가 고대 한반도의 시대 명칭으로서 보편 화된 것은 적어도 고려 이래의 오랜 전통을 존중한다면 그러한 삼국이 형성되고 있는 과도기를 '원삼국시대'라 함이 타당할 것이다.

'원삼국시대' 개념 및 유용성을 둘러싼 논쟁은 최근에도 이어지고 있 다(李熙濬, 2004 ; 崔盛洛, 2004). '원삼국시대' 개념의 유용성을 주장하는 측이나 그 반대측 각각 나름의 일리는 인정될 수 있으나, 고고학적 시기 구분의 본질적 타당성은 해당 시대를 구분할 수 있게 하는 객관적 근거가 있느냐 없느냐에 달려 있을 것이며, 그러한 시대 구분에 대하여 어떤 명칭이 적절한가에 대한 평가는 그를 통한 과거사 설명의 설득력 정도에 달려 있다 할 것이다.

이런 관점으로 보면, 기원전 300년을 전후한 시점, 기원전 100년을 전후한 무렵, 그리고 백제나 신라 등이 국가 단계로 성장하는 시점인 대략 기원후 250~350년 사이의 어느 무렵은 시기 구분의 획기로서 객관적인 근거가 있다할 것이다. 기원전 300년경을 전후하여 한반도 지역에는 이전과 다른 고고학적 양상이 드러나는데, 그것은 점토대토기(粘土帶土器)를 표지로 하는 새로운 문화의 등장이다. 그와 함께 세형동검(細形銅劍)도 나타난다. 그 결과 청동기시대의 무문토기, 지석묘, 비파형동검 등의 고고학적 문화 요소가 쇠퇴하기 시작한다. 기원전 100년을 전후한 시기는 한(漢)에 의해 위만조선(衛滿朝鮮)이 멸망하고 낙랑(樂浪) 등 중국군현(中國郡縣)이 설치되면서 이후 토착 사회에 다양한 영향을 미치기 시작하는 시기에 해당된다. 그리고 250~350년 사이는 한반도 남부지역에서 백제, 신라 등이 국가로 성립되는 시기이다.

기원전 300~기원전 100년 사이는 '초기철기시대(初期鐵器時代)'로 부르는 것이 학계의 보편적인 입장인데, 문제는 기원전 100년경부터 기원후 250~350년 사이 백제나 신라의 국가 성립 시점까지의 기간에 대한 것이다. 이를 둘러싸고 다양한 명칭이 등장하였음은 앞서 본 바와 같으나, 한반도의 전통 역사 인식 상에서 매우 중요한 위치를 차지하고 있는 시대 구분 명칭이 '삼국시대' 임을 고려한다면 삼국시대에 이르는 과도기로서 '원삼국시대' 라는 명칭이 가장 대표성이 높다 할 것이다.

물론, 전술한 것처럼 당초 원삼국시대론은 국가 단계로서의 삼국의 출발 시점을 이르게 볼 수 있다는 관점이 강하였으나 작금의 고고학 자료로 보는 한 고구려를 제외한 백제, 신라 등은 그 기간 동안에 비로소 국가 단계로 성장하던 일종의 과도기임이 분명하므로 '삼국시대의 원초기' 라는 의미의 원삼국시대 개념은 더욱 필요하다. 백제, 신라 등은 특히 그 국가 형성 과정에서 낙랑으로 대표되는 중국 군현지역의 영향이 매우 컸음이 드러나고 있으므로 원삼국시대의 시작은 그들 지역에 낙랑의 영향이 미치기 시작하는 무렵부터 국가 성립 시기까지로 설정하는 것이 좋을 것이다. 이 경우 해당 지역의 사정에 따라 원삼국 단계의 시기 폭은 다소 차이가 날 수 있다. 고구려의 경우 늦어도 기원전 75년경에는 국가 단계로 성장한 것으로 이해되고 있으며, 백제는 대략 기원후 250년경, 그리고 신라는 기원후 350년경에 각각 국가 단계로 진입한 것으로 볼 수 있다면, 원삼국시대의 시기폭은 기원전 100년경부터 기원후 350년까지가 될 수 있을 것이다.

정치체는 성장과 함께 영역적 확대가 수반되는 것이 대부분이다. 백제의 경우를 보면 3세기 중후반경에는 경기도지역까지, 4세기 중엽경에는 금강 이북지역까지, 5세기 중엽경에는 노령이북까지 그리고 6세기 전반경에는 영산강유역까지 그 영역이 확대된다. 그러므로 호남지

역을 대상으로 시기 구분할 때에는 기원전 100년 이후부터 4세기 중엽
경까지는 '원삼국시대'이지만 3세기 중엽경부터 4세기 중엽경까지는
'원삼국시대 백제 한성기 병행기'가 되는 셈이다. 비록 국가 단계에는
미치지 못하지만 각 지역마다 정치체가 존재하였던 것은 두말할 필요
가 없으므로 그 명칭을 따라 시기 구분할 수 있다. 이 경우 호남지역은
문헌사료상으로 마한(馬韓)으로 분류되는 각 정치체들의 영역이므로 4
세기 중엽경까지는 '원삼국시대 마한기' 4세기 중엽 이후부터 6세기
전반경까지 '삼국시대 마한기' 등으로 할 수 있을 것이다.

2) 영산강유역 원삼국시대 편년과 토기의 양상
　호남지역의 원삼국시대 토기상의 변천에 최성락(崔盛洛, 1993)은 다음
과 같이 정리한 바 있다.

　Ⅰ기(기원전 2세기 말 내지 1세기 초~기원후 1세기 중엽) : 경질무문
토기(硬質無文土器)
　Ⅱ기(기원후 1세기 후반~2세기 중엽) : 경질무문토기 지속, 경질찰문
토기(硬質擦文土器)와 타날문토기(打捺文土器) 혹은 연질계토기(軟質系
土器) 등장.
　Ⅲ기(2세기 후반~3세기 중엽) : 타날문토기 일반화, 회청색경질토기
(灰靑色硬質土器) 출현.
　이러한 토기 양상 변천 파악은 해남(海南) 군곡리(郡谷里) 패총 조사

결과를 토대로 한 것으로서 타당성이 인정되나, 한강유역이나 중서부 지역 등 인접지역과의 비교 검토의 여지는 있다.

최근 김승옥(金承玉, 2000)은 호남지역의 주거지에 대한 편년을 시도하면서 출토 토기의 주요 개별 기종의 기형변화 등을 근거로 보다 진전된 편년안을 제시하였다. 그 내용을 요약하면 다음과 같다.

Ⅰ기(기원전 100~기원후 50년) : 단면삼각형점토대토기(斷面三角形粘土帶土器)

Ⅱ기(기원후 50~200년) : 경질무문토기, 연질타날문토기.

Ⅱa : 경질무문토기와 연질타날문토기 공반기

Ⅱb : 연질타날문토기 단순기

Ⅲ기(200~350년) : 경질무문토기, 연질타날문토기, 회청색경질토기.

Ⅲa : 경질무문토기 빈도 현저히 감소, 연질타날문토기 주종, 회청색경질토기 소수

Ⅲb : 연질타날문토기 주종, 회청색경질토기 소수

이러한 연구 성과를 한강유역 및 중서부지역 등과 비교 검토할 수 있는 영산강유역 및 호남지역의 원삼국시대 편년안을 수립할 필요가 있다. 이와 관련하여 자비용(煮沸用) 토기, 즉 음식물을 끓이는 데에 사용되는 장란형토기나 심발형토기와 함께, 시루, 완(盌) 등 주요 생활 용기들의 비교에 초점을 둘 필요가 있다. 일반적으로 자비용기, 시루 등의

기종은 사실 그 변화 속도 여타 기종에 비해 빠르지 않아 세부적인 편년에는 적당하지 않지만, 원삼국시대에 있어서는 이들 기종에 비교적 변화가 잘 감지되고 있어 고고학적 시기 구분에 유용한 근거가 된다.

 호남지역의 시루의 변화는 대략 5단계 정도로 관찰된다(그림 10 참조). 제1단계는 광주 신창동(新昌洞) 출토 토기로 대표되는 것으로서 삼각구연점토대토기 시루(그림 10의 3)이다. 이 단계와 비교되는 한강유역 및 중서부지역의 시루는 아직 보이지 않는다. 제2단계는 해남 군곡리 1호 주거지 출토품(그림 10의 7)을 표지로 하는 것으로 직구 평저 시루이다. 저부의 형태는 1단계와 거의 같으나 구연이 삼각구연점토에서 직구로 변화하고 있다. 제3단계는 역시 해남 군곡리 패총 출토품(그림 10의 11)으로 대표되는데, 몸체의 형태는 2단계와 다르지 않으나 바닥의 형태는 납작한 평저(平底) 대신 둥근 밑(丸底)으로 바뀌고 있다. 제4단계는 함평 소명(昭明) 20호 주거지 출토품(그림 10의 22)과 같은 평저 시루이다. 시루공의 크기는 이전에 비해 약간 커졌으나 다음의 5단계에 비하면 작고 수도 많은 것이 특징이다. 제5단계의 것은 동체의 형태는 이전과 다름없으나 파수가 앞선 4단계와 같은 절두우각형(截頭牛角形), 즉 끝을 잘라낸 쇠뿔 모양에서 쇠뿔 모양[牛角形]으로 바뀌고 길어지며, 저부의 시루공의 크기가 커지면서 수는 줄어든다. 이 단계의 시루 동체 가운데 부분에는 음각 횡선이 그어진 것이(그림 10의 33) 많다. 그리고 소명 44호 주거지 출토품(그림 10의 34)과 같이 격자 타날 흔적이 남아 있는 경우도 있다.

자비용기 역시 대략 5단계의 변화가 감지된다(그림 10 참조). 제1단계는 광주 신창동 출토품(그림 10의 1)으로 대표되는 것으로 삼각구연점토대토기이다. 제2단계는 해남 군곡리 1호 주거지 출토품(그림 10의 6) 및 패총 출토품(그림 10의 5)으로 대표되는데, 삼각구연점토대토기에 이어 외반구연의 경질무문토기가 등장하고 있다. 제3단계는 역시 해남 군곡리 패총 출토품(그림 10의 9·10)으로 대표되는데, 앞선 단계에 비해 구연의 외반도가 현저하다. 제4단계는 순천 월평 주거지 출토품들 (그림 10의 18~20)로 대표되는데, 외반구연 옹과 함께 원저의 장란형 토기가 등장하고 있다. 화순 용강리 3호 토광묘 출토품(그림 10의 21) 처럼 무문양의 경질무문토기 심발도 있으나 본격적인 격자타날 심발형 토기가 등장한다. 제5단계는 장란형토기의 길이가 길어지고 바닥 부분이 뾰족한 첨저형을 이룬다(그림 10의 30·31). 이러한 자비용기의 변화 각 단계는 앞의 시루의 각 단계와 대응된다.

완의 경우는 7단계 정도의 변화가 관찰된다(그림 10 참조). 1단계는 광주 신창동 출토품(그림 10의 4)과 같이 삼각구연점토대토기와 함께 나온 것으로 무문토기와 동일한 저부에 기벽의 외반도가 큰 편이다. 2 단계는 외반도가 줄어들고 기벽이 다소 높아진 것으로서 해남 군곡리 출토품(그림 10의 8)으로 대표된다. 3단계는 2단계와 거의 같은 기형이지만 구연부의 끝이 밖으로 벌어지고 기벽이 이전에 비해 높아진 경질무문토기 완이다(그림 10의 12). 4단계는 용강리 1호 토광묘 출토품(그림 10의 23)과 같이 구연에서 동체 중간까지는 거의 수직으로 기벽이 내려오다가 저부로 급격히 좁아진 형태로서 구연부는 거의 수평에 가깝게 외반되고 정면시의 얕은 홈이 남아 있다. 5단계는 소명 69호 주거지 출토품(그림 10의 35)과 같이 구연 바로 아래에서 축약되면서 최대 동경을 이루고 있는 형태이다. 6단계는 기벽이 크게 낮아지고 저부가 넓은 형태로서 구연단부가 짧게 외반된다. 소명 32호 주거지 출토품이(그림 10의 36) 대표적이다. 마지막 7단계는 기벽이 더욱 얕아지고 구연단부의 외반이 없는 것으로서 소명 43호 주거지 출토품(그림 10의 37)이 전형적이다. 이러한 완의 변화는 4단계까지는 전술한 시루 및 자비용기의 각 단계와 대응되나 5~7단계는 시루 및 자비용기의 5단계에 해당된다.

이처럼 각 기종들에서 나타나는 변천 단계를 근거로 필자는 호남지역의 원삼국시대 토기상의 변화를 5 단계로 구분할 수 있을 것으로 생각하며, 나아가 이를 통해 원삼국시대 편년의 기초로 삼고자 한다. 즉, 시루 및 자비용기 등의 각 변화 단계를 각각 원삼국시대 Ⅰ, Ⅱ, Ⅲ, Ⅳ, Ⅴ期로 설정하고자 한다. 그러면, 이러한 각 분기의 역연대(曆年代), 즉 서력 기원을 기준으로 한 실제 연대를 검토해 보기로 한다.

Ⅰ기는 경남 사천(泗川) 늑도(勒島) 주거지 출토 토기와 그 양상이 동일한데, 이 유적의 8호 주거지에서는 일본 열도의 야요이[彌生] 시대 중기(中期) 전반(前半)의 토기편이 함께 나왔다. 최근 나이테 연대법에 의해 새롭게 조정된 야요이 시대 역연대에 의하면, 야요이 중기 전반은 기원전 150~기원전 50년이므로 늑도 유적 출토 삼각구연점토대토기는

바로 이 시기에 해당된다. 따라서, 사천 늑도와 동일 단계로서 광주 신창동 삼각구연점토대토기를 표지로 하는 호남지역 원삼국시대 Ⅰ기의 연대도 이와 같이 볼 수 있다. 다만, 앞서 원삼국시대 개념에서 이미 말한 것처럼 한반도 원삼국시대의 시작을 낙랑의 영향이 남한지역에 본격적으로 미치는 시점임을 감안하여 상한은 기원전 100년경으로 조정하고자 한다. 이는 필자가 생각하고 있는 한강유역에서 경질무문토기의 출현 시기와도 일치된다.

Ⅱ기는 해남 군곡리 출토 화천(貨泉), 즉 왕망(王莽)의 신(新) 나라 화폐의 발행 시기를 고려하여 기원전 50년부터 기원후 1세기 전반경까지로 비정한다.

Ⅲ기의 연대와 관련해서는 군곡리 패총에서 출토된 경질무문토기 소형장경호(小形長頸壺)(그림 10의 4 참조)가 주목된다. 이와 같은 토기(그림 10의 15)는 전남 영광(靈光) 화평리 수동 토광묘에서도 보이고 있는데, 수동에서는 내행화문경(內行花紋鏡)의 방제경(仿製鏡)(그림 10의 14)이 함께 나왔다. 이와 동일한 형태의 방제경(그림 10의 16)은 경남 김해(金海) 양동리(良洞里) 162호분에서도 나오므로 이들은 시기적으로 병행하는 것으로 볼 수 있다. 양동리 162호분의 연대는 기원후 2세기 후엽으로 비정된다.

Ⅲ기의 역연대 비정과 관련하여, 해남 군곡리 패총에서 출토된 승문(繩文)이 타날된 토기편(그림 10의 17)이 주목된다. 이 토기는 현재까지 호남지역에서 알려진 승문 타날토기로는 유일하다. 아마도 호남지역에

서 승문타날이 처음 등장하는 시기의 예로 보인다. 이 토기는 타날문토기 단경호의 파편으로 추정되는 것인데, 타날문토기 단경호(短頸壺)는 영남지역에서는 기원후 1세기 전반경에 등장하고 있다. 그 무렵 타날문 단경호가 등장하는 배경은 경기도 가평(加平) 달전리(達田里)에서 발견된 바 있는 낙랑 목곽묘 출토품과 같은 낙랑토기의 유입으로 판단된다. 한강유역 및 중서부지역의 경우 아직 이 단계의 초기 승문타날 단경호의 예가 분명하지 않으나, 하남시 미사리(渼沙里) 고려대학교박물관 조사 88-1호 주거지에서 발견된 승문타날 단경호편이 대략 이 무렵에 해당될 가능성이 높다. 영남지역을 중심으로 보면 타날문 단경호는 대략 기원후 2세기 중엽 이전에는 승문이 타날되어 있지만,그 이후에 새롭게 격자문이 타날된 것이 등장하는 것으로 알려져 있다. 한강유역 및 중서부지역도 대체로 이와 거의 같은 변천을 보이고 있는 것으로 생각된다. 그 이후 3세기 전반경에는 새롭게 평행선문이 타날된 것이나 몸체의 윗부분은 승문이 타날되고 저부 부근에는 격자문이 타날된 단경호 등이 출현하고 있다. 이러한 양상을 고려하여 호남지역 원삼국시대 Ⅲ기는 기원후 50년경부터 기원후 200년경으로 비정해 두고자 한다. 이러한 시기 폭은 한강유역 및 중서부지역의 원삼국시대 Ⅱ기(그림 4 참조)의 그것과 대체로 일치한다.

　Ⅳ기의 역연대는 장란형토기 및 심발형토기, 그리고 대경호(帶頸壺) 등의 새로운 기종들의 출현 시점과 밀접한 관련을 가지고 있다. 앞의 '장란형토기와 심발형토기'에서 본 것처럼 한강유역 및 중서부지역의

경우 심발형토기는 200년 이후에 등장한다. 그리고 대경호는 이르면 3세기 전반경에 등장하였을 가능성이 있으나 대체로 3세기 중엽에 가까운 시점에 출현하는 것으로 보인다.

앞의 '장란형토기와 심발형토기'에서 설명한 바와 같이 한강유역의 심발형토기와 장란형토기에는 승문(繩文) 또는 격자문(格子文)이 타날되어 있는데, 승문은 지금의 서울지역 및 강원도 영서(嶺西)지역에 국한되는 반면 격자문은 이를 둘러싼 주변 및 중서부지역에 걸쳐 광범위하게 분포하고 있다. 이러한 서로 다른 문양의 분포는 백제(百濟) 지역과 마한(馬韓) 지역의 차이로 보이고 있어 주목되는 것이다. 호남지역 역시 격자문타날 일색이지만, 대략 5세기 중엽 이후에는 백제 지역의 영향으로 승문계통에 포함되는 평행선문이 타날된 것이 등장한다. 이러한 양상을 고려하여 호남지역원삼국시대 Ⅳ기는 200~250년 사이로 비정해 둔다.

Ⅴ기에는 한성양식 백제토기의 영향이 엿보이는 직구단경호(直口短頸壺)(그림 10의 39)가 새로이 등장하고 있으며, 이와 기형적으로 유사하나 동체가 좀 더 길어진 직구단경호(그림 10의 40) 등도 보이고 있다. 이와 거의 같거나 약간 늦은 기형으로는 영암 신연리(新燕里) 9호분 4호 목곽묘 출토품(그림 10의 41)이 있는데, 이는 투겁의 끝부분이 제비꼬리처럼 생긴 이른바 연미형(燕尾形) 기부(基部) 철모(鐵鉾)(그림 10의 42)와 함께 나오고 있다. 신연리와 같은 형태의 철모는 3세기 말~4세기 초 무렵부터 등장하는 것으로 알려져 있다. 이러한 점을 감안하여

Ⅴ기는 250~350년경까지로 비정할 수 있다. 이 무렵에는 소명 43호 주거지 출토품(그림 10의 38)처럼 대형의 전용옹관(專用甕棺) 모양의 대옹이 등장하고 있다. 이를 통해 영산강유역 특유의 대형옹관의 출현 시점이 대략 4세기 중엽경임도 알 수 있다(이상 朴淳發, 2005b).

2. 영산강유역양식 토기

영산강유역을 비롯한 호남지역의 원삼국시대 토기는 한강유역이나 중서부지역의 그것과 비교할 때 대체로 유사하다. 그 가운데 특히 천안이남의 금강유역의 원삼국시대 토기의 양상과 매우 닮아 있다. 그러나, 한강유역에서 백제가 성립한 이후와 시간적으로 병행하는 무렵의 토기는 백제 중앙의 한성양식 백제토기와 적지 않은 차이를 보이고 있다. 종래 영산강유역의 토기들도 백제토기와 동일한 범주로 이해해온 적도 있으나, 그러한 차이는 결코 무시하기 어려울 뿐 아니라 영산강유역이 완전히 백제의 영역으로 편입되는 시기인 6세기 전반 이후에 등장하는 백제토기와의 구분도 필요하다. 이에 필자는 영산강유역의 토기 가운데 6세기 전반경 이후의 백제토기를 제외한 일련의 토기들을 '영산강유역양식(榮山江流域樣式) 토기(土器)'로 부르고 있다(朴淳發, 2000).

필자가 '영산강유역양식 토기'를 설정할 무렵에는 그러한 관점으로 진행된 선행 연구가 거의 없었다. 대부분의 토기 자료가 상호 시간적인 관계를 파악하기 어려운 것일 뿐만 아니라 수량이 많지 않았기 때문이었다. 이러한 사정으로 말미암아 영산강유역의 고고학적 편년 체계는 옹관의 형식학적 발전 단계에 주로 의거하고 있었다. 이는 옹관과 함께 출토되지 않은 토기에 대한 시기 파악을 어렵게 하여 결과적으로 이 지역 토기문화 전반에 대한 이해에 있어 한계로 작용하고 있었다.

이러한 자료의 취약점을 극복하기 위해서는 고고학의 상대연대 결정법의 가장 기본적 방법 가운데 하나인 형식학적 방법을 적용하였다. 알려진 토기 자료를 대상으로 각 기종별로 형식(型式)의 발달 과정을 설정하고 이들을 함께 나온 예들과 비교하여 형식들 사이의 병행 관계를 파악하는 방식으로 영산강유역 토기 전반의 대략적인 형식학적 순서를 파악해 보았다. 그 내용은 〈그림 29〉와 같다. 그림을 보면 앞서 살펴본 원삼국시대의 토기들은 매우 간략하게 다루어져 있다. 앞에서 자세히 설명하였으므로 이 부분에 대해서는 재론하지 않기로 한다.

영산강유역의 토기들이 독자적인 고유성을 띠게 되는 것은 장경호(長頸壺), 유공광구소호(有孔廣口小壺) 등이 등장하는 〈그림 29〉의 5·6 이후의 단계부터이다. 그러므로 이 무렵을 영산강유역양식 토기의 성립 시기로 볼 수 있는데, 필자는 그 시점을 대략 5세기 전반~중엽경으로 이해하고 있다(朴淳發, 2000).

그렇지만, 모든 기종이 이 지역 고유의 것은 아니다. 앞서의 〈그림 16〉에서 보는 바와 같이 개배는 한성기에 처음 등장한 이후 연속적 형태 변화를 보이고 있음을 알 수 있다. 영산강유역의 개배는 계통적으로는 한성기~웅진기 사이의 백제 개배와 관련을 가지고 있는 것으로 보

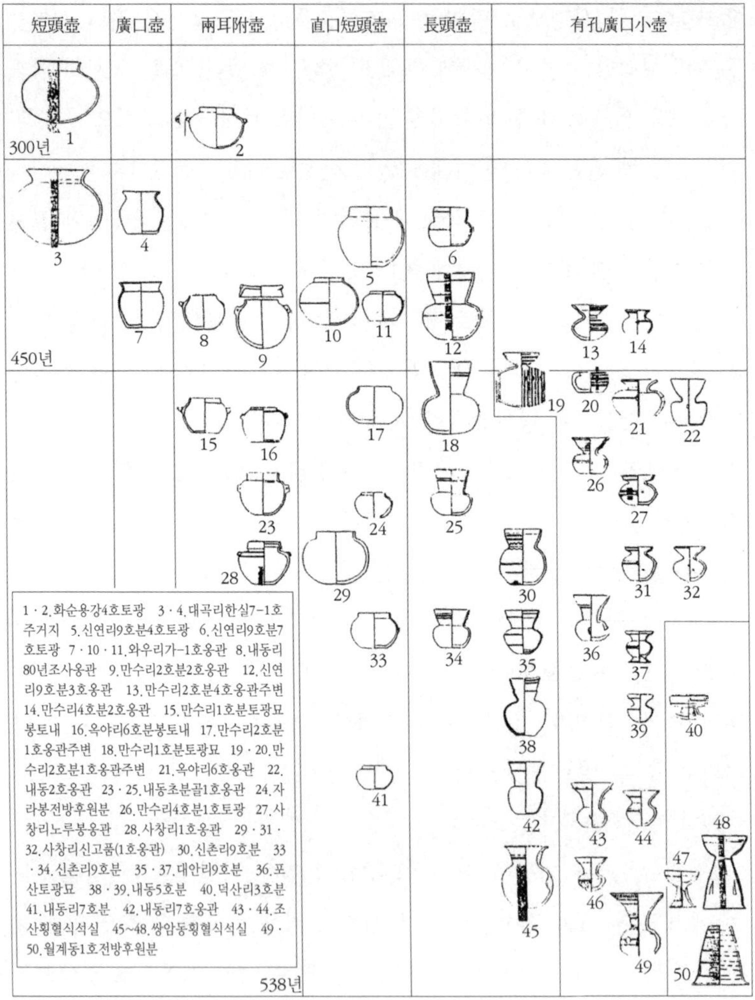

短頭壺	廣口壺	兩耳附壺	直口短頭壺	長頭壺	有孔廣口小壺		

300년

450년

1·2.화순용강4호토광 3·4.대곡리한실7-1호주거지 5.신연리9호분4호토광 6.신연리9호분7호토광 7·10·11.와우리가-1호옹관 8.내동리80년조사옹관 9.만수리2호분2호옹관 12.신연리9호분3호옹관 13.만수리2호분4호옹관주변 14.만수리4호분2호옹관 15.만수리1호분토광묘봉토내 16.옥야리6호분봉토내 17.만수리2호분1호옹관주변 18.만수리1호분토광묘 19·20.만수리2호분1호옹관주변 21.옥야리6호옹관 22.내동옹관 23·25.내동초분골1호옹관 24.자라봉전방후원분 26.만수리4호분1호토광 27.사창리노루봉옹관 28.사창리1호옹관 29·31·32.사창리신고품(1호옹관) 30.신촌리9호분 33·34.신촌리9호분 35·37.대안리9호분 36.포산옥토광묘 38·39.내동5호분 40.덕산리3호분 41.내동7호분 42.내동7호옹관 43·44.조산횡혈식석실 45~48.쌍암동횡혈식석실 49·50.월계동1호전방후원분

538년

그림 29. 영산강유역양식 토기의 변천

인다. 이 지역 개배가 한성기나 웅진기의 백제 지역에서 제작되어 들어온 것은 아니지만 적어도 그 원류는 백제 개배로부터 들어온 것으로 판단된다. 이러한 점은 〈그림 27〉에서 보는 바와 같이 뚜껑류에서도 나타난다.

한편, 장경호와 유공광구소호의 경우는 현재까지 알려진 자료로 보는한 영산강유역 고유 기종이라 할 수 있다. 유공광구소호(원색사진 29)의 분포권은 김제(金堤)나 고창(高敞) 등의 전북지역으로부터 가야 지역및 일본 열도에까지 이르고 있지만, 한반도 지역에서 분포 밀도가 가장높은 지역은 역시 영산강유역이다. 뿐만 아니라 시기적으로 이른 것이영산강유역에 집중되고 있어 아마도 이 지역에서 발생한 기종으로 이해된다. 장경호는 한성양식의 광구장경호와 비교하면 목이 더욱 길뿐아니라 외반도가 낮아 거의 직선에 가까운 곧은 목으로 되어 있어 그특징이 뚜렷하다(사진 65). 고배 역시 한성양식의 고배에 비해 굽다리

사진 65. 영암 만수리 4호분 출토 광구장경호 및 함께 나온 토기들

사진 66. 함평 신덕 전방후원분 출토 고배 및 개배

가 길며, 투창 등의 장식이 가해져 그 차이를 잘 알 수 있다(사진 66).

영산강유역의 토기문화는 4세기 전반경까지는 금강유역 토기 양식과 구분되지 않아 동일 양식으로 인정할 수 있다. 그러나 이후 장경호를 위시하여 유공광구소호가 등장하면서 독특한 토기 양식이 형성되는데, 그 시작은 대략 5세기 전반 무렵이다. 그리고 뒤이어 한성기 백제에 기원이 있는 것으로 보이는 개배가 더해지면서 장경호, 유공광구소호, 개배 등을 핵심 기종으로 하는 영산강유역 고유 토기 양식은 늦어도 5세기 중엽경에는 완성된다고 할 수 있다.

영산강유역양식은 대략 〈그림 29〉의 45~50 토기 단계에 오면 해체가 시작된다. 45번 장경호는 광주 쌍암동(雙岩洞) 고분에서 출토된 것인데, 일견 앞선 단계와는 면모를 달리하는데, 이는 백제의 광구장경호에 해당된다. 그러나, 같은 무덤에 영산강유역양식의 핵심 기종인 유공광구소호도 함께 부장되어 있어 그러한 사정을 잘 보여주고 있다. 그러한 점은 49번과 50번 토기가 출토된 광주 월계동(月桂洞) 1호분에서 백제의 삼족기(三足器)와 함께 뚜껑류가 나오고 있는 데에서도 찾아 볼 수 있다. 그런데, 영산강유역양식의 해체가 백제계 토기의 유입에만 기인된 것 같지는 않다. 뚜껑류에는 가야 지역과 밀접한 관련이 상정되는 토기도 나타나고 있기 때문이다. 아무튼, 백제나 가야계 토기가 들어오기 시작하면서 비롯된 영산강유역양식의 해체기는 대략 5세기 말~6세기 초반 무렵으로 보인다.

필자의 이러한 영산강유역양식 토기에 대한 기초적인 이해가 제시된 이후 최근 이에 대한 자세한 연구(徐賢珠, 2006)도 이어지고 있다. 여기서 설명하지 못한 다수의 기종에 대한 자세한 양상에 대해서는 서현주의 연구를 참고하기 바란다.

3. 영산강유역의 분구수립토기

1) 분구수립토기와 전방후원분

영산강유역에서는 무덤의 봉토에 세우는 특이한 기능을 가진 토기가 다수 확인되었다. 그 형태가 원통 모양과 유사하여 '원통형토기(圓筒形土器)'로 부르기도 하는데, 이와 같은 용도의 토제품은 일본의 이른바 전방후원분(前方後圓墳)에 세워진 것이 전형적이다. 일본에서는 이를

'하니와[埴輪]' 라 부르는데, 영산강유역의 이른바 원통형토기는 하니와
와 같은 부류로서 실제로 그 형태가 완전히 동일한 것도 있다. 그러나,
영산강유역 고유의 것들도 분명히 존재하고 있으므로 이를 일컬어 전
부 '하니와' 라 하기는 어렵다. 학계가 모두 공감하는 적당한 용어가 모
색되기 전까지 필자는 이를 '분구수립토기(墳丘樹立土器)'로 부르기로
한다(朴淳發, 2001c).

  일본의 전방후원분에 세워진 하니와와 동일한 형태의 분구수립토기
는 광주 명화동(사진 67), 월계동 1호분, 2호분 등에서 확인된 바 있는
데, 이들은 모두 무덤의 형태가 일본의 전방후원분과 같다. 현재까지
영산강유역 등 호남지역에서 확인된 전방후원분은 모두 13기에 달한

사진 67. 광주 명화동 전방후원분

다. 고창(高敞) 칠암리(七岩里) 고분, 영광(靈光) 월산리(月山里) 월계(月溪) 고분, 담양(潭陽) 고성리(古城里) 월성산(月城山) 고분, 담양 성월리(聲月里) 월전(月田) 고분, 광주 월계동(月桂洞) 1호분・2호분, 함평(咸平) 장년리(長年里) 장고산(長鼓山) 고분, 함평 예덕리(禮德里) 신덕(新德) 고분, 광주 명화동(明花洞) 고분, 함평 마산리(馬山里) 표산(杓山) 1호분, 영암(靈岩) 태간리(泰澗里) 자라봉 고분, 해남(海南) 창리(昌里) 말무덤 고분, 해남 방산리(方山里) 장고봉 고분 등이 그것이다. 전술한 명화동이나 월계동 1・2호분 이외에도 이들 전방후원분 가운데 장차 분구에 대한 전면 발굴조사가 이루어지면 하니와와 같은 분구수립토기가 추가로 더 확인될 가능성도 있다.

영산강유역 전방후원분은 현재까지 알려진 바에 의하면 대략 5세기 후반~6세기 전반경에 집중된다. 공간적으로는 전술한 바와 같이 해안지역을 중심으로 분포하고 있다. 당시 이 지역의 중심지로 추정되는 나주의 반남(潘南) 고분군을 제외한 그 외곽 지역에 해당되는 특징을 보이고 있다. 고분의 밀집도는 한 곳에 1~2기에 지나지 않아 그 지속 기간이 짧았음을 알 수 있다. 이러한 시공적 분포 양상을 근거로 하여 그 피장자의 출자 또는 문화적 계통, 당시 일본 열도와 백제 그리고 영산강유역과의 관계 등에 대한 논의가 활발히 이루어지고 있다.

영산강유역 전방후원분의 피장자 또는 조영 집단의 성격에 대한 견해는 토착 수장(首長) 및 토착 세력이라는 설과 왜인(倭人) 또는 왜계(倭係) 인물을 피장자로 보는 견해로 나뉘고 있다. 전자에 해당되는 것으로는 다음과 같은 견해들이 제시되어 있다.

① 백제의 완전한 세력권에 놓이지 않고 백제, 가야, 왜 사이에서 등거리(等距離) 관계를 유지하고 있던 영산강유역 재지수장들이 왜와의 교류를 심화하면서 그들 스스로의 무덤으로 조영한 것이라는 견해(岡內三眞, 1996),

② 5세기 후반~6세기 전반경까지 영산강유역은 토착 세력은 아직 백제에 완전히 통제되지 않은 상태에서 독자성을 유지하고 있었으며, 일본열도 역시 츠쿠시노구니노미야츠코[筑紫國造]였던 이와이[磐井]가 난(亂)을 일으키고 있는 점에서 잘 알 수 있듯이 큐슈[九州] 등은 킨키[近畿]의 중앙 세력에 완전히 들어가지 않은 상태였고 전방후원분은 바로 이러한 상황 하에서 주로 큐슈 세력과 교류하던 영산강유역의 호족(豪族)들이 자신들의 무덤으로 채택한 것이라는 견해(土生田純之, 1996 ; 2000),

③ 영산강유역의 전방후원분은 일본에 이주한 영산강유역의 주민들이 그들의 본거지와 활발히 교류 왕래하는 가운데 수반되어 영산강유역의 새로운 장묘제(葬墓制)로 채택되었으며 그 피장자는 종래 옹관묘를 축조하던 토착 수장들이라는 견해(申敬澈, 2000),

④ 왕래를 통하여 일본 열도의 전방후원분을 직접보고 알게된 영산강유역의 토착 세력들이 영산강유역에 대한 백제의 영역적 지배가 진행되던 무렵 그것을 전면적으로 받아들이는 것에 저항하는 가시적 표현으로서 또는 정치적 표현으로서 전방후원분을 채택하였다는 견해(田中

俊明, 2000),

⑤ 4세기 후반대에 큐슈 지역과의 관계 속에서 하니와와 같은 분묘에 세우는 토기 의식(儀式)을 받아들이고 이후 이른바 '월송리형석실(月松里型石室)'이라는 특이한 형태의 무덤방을 축조한 토착 세력이 6세기 초 케이타이[繼體] 천황의 옹립 과정에서 일본 열도에서 새 천황의 옹립을 주도하였던 세력과 백제 사이의 대외관계를 지원하면서 그 위상이 강화된 결과 전방후원분을 그들의 무덤으로 채택할 수 있었다는 견해(小栗明彦, 2000) 등이 있다.

후자에 해당되는 견해들로는 다음과 같은 것들이 있다.

① 전방후원분의 피장자는 철(鐵) 소재 등의 교역과 같은 대외 교섭에 종사하면서 영산강유역에 정주·정착한 왜인(倭人) 집단이며 이들은 야마토[大和], 가와치[河內], 츠쿠시[筑紫] 등과 독자적으로 교류를 전개하고 있었다는 견해(東潮, 1995),

② 전방후원분은 5세기 후반~6세기 초의 왜인·왜계인의 무덤이지만 야마토[大和] 정권의 직접적인 영향을 상정할 수는 없다는 견해(河上邦彦, 2000),

③ 백제의 간접 지배 하의 일종의 특별 관리 구역인 영산강유역에 안치 또는 잔류하고 있던 왜계인들의 무덤이며 이들 가운데 백제의 중앙 귀족으로 진출한 경우가 이른바 '왜계백제관료(倭係百濟官僚)'였다는 견해(朱甫暾, 2000 ; 朴天秀, 2002) 등이 그것이다.

그 밖에, 영산강유역에서 이른바 '장고분(長鼓墳)'을 축조하던 집단과 대형옹관을 축조하던 세력이 병존하다가 이들 가운데 전자는 일본 열도로 이주하였다가 다시 그들의 고향으로 돌아오거나 혼인과 같은 인적 교류가 지속되면서 전방후원분이 등장하였다는 견해(林永珍, 1994)도 있다.

한편, 전방후원분 출현 이전 단계로서 옹관을 매장 주체부로 하는 위가 잘린 사각뿔 모양의 방분(方墳) 혹은 평면이 사다리꼴 모양인 제형(梯形) 분구를 가진 무덤 등의 영산강유역 고유의 무덤에서도 일본 열도 고분시대의 하니와와 동일한 기능을 가진 것으로 보이는 분구수립 토기들이 확인되고 있다. 1917~1918년 사이에 발굴 조사된 바 있는 나주 신촌리 9호분에 대한 재조사 과정에서 처음 알려진 이후, 함평 중랑 고분, 나주 복암리 2호분 등 다수의 고분 발굴 조사에서도 확인되고 있다.

함평 중랑(사진 68) 및 나주 복암리 2호분 출토품과 동일한 것은 전북 부안 계화도에서 출토된 것으로 전하는 것이 알려져 있다. 신촌리 9호분 출토품(사진 69)은 아직까지 일본 열도에서 동일한 형태를 찾기 어려우나, 중랑, 복암리 2호분, 계화도 출토품 등은 그와 유사한 예를 일본에서도 볼 수 있다.

분구수립용 토기의 전통은 현재까지 알려진 자료로 보는 한 그 기원이 일본 열도에 있는데, 그 기원은 대략 3세기 중엽경으로 올라가고 있다. 그렇다면 전방후원분 출현 이전에 이미 영산강유역 옹관묘 축조 세력은 일본 열도 묘제에 대한 이해를 가지고 있었음이 확실하므로 이 단

사진 68. 함평 중랑 유적 출토 호형   사진 69. 나주 신촌리 9호분 출토 기대형 분구수립토기
분구수립토기

계 분구수립토기에 대한 정확한 시간적 위치 규명 및 그 출현 배경의
이해가 중요하다.

2) 분구수립토기와 하니와

영산강유역 분구수립토기는 전술한 바와 같이 복암리 2호분 주구 출
토품, 함평 중랑 방분 주구 출토품(사진 68), 그리고 전계화도 출토품등
과 같은 '광구평저호형(廣口平底壺形)'과, 신촌리 9호분 출토품과 같이
원통형기대상의 대각 위에 호형이나 발(鉢)형을 올려놓은 것과 같은
'기대형(器臺形)'(사진 69)으로 구분된다.

광구평저호형는 복암리2호분 출토품→계화도 출토품→중랑 출토품

순으로 목 부분이 더욱 발달하는 경향성을 보인다. 이러한 변화 양상은 시기적인 선후 관계와 관련될 가능성이 높다(大竹弘之, 2002). 비교적 이른 시기의 것으로 보이는 복암리 2호분 출토품의 시기를 밝히는 것이 곧 이 형태의 분구수립토기의 출현 과정을 이해하는 데에 있어 중요하다.

복암리 2호분에서는 모두 20여 개체가 주구에서 출토되었다. 발굴 조사 결과를 근거로 하면, 호형토기들이 세워졌을 것으로 추정되는 무덤은 아마도 높이가 낮은 사다리꼴 모양이었을 것으로 보이다. 이 무덤은 작은 분구를 가진 비교적 이른 시기의 옹관들이 하나의 분구로 합쳐지면서 점차 분구가 높고 커지는 양상이 나타나기 시작하는 단계로 보고 있다. 호형토기와 함께 나온 유물이 없어 이들의 시간적 위치를 가늠하기 어려우나, 호형토기가 돌려진 무덤보다 위에서 나온 유물들을 근거로 하여 광구평저호형분구수립토기의 하한(下限)연대를 추정해 볼 수는 있다. 분구수립토기가 세워진 무덤 이후에 해당되는 층에서 나온 유물 가운데 개배가 있는데 이는 대체로 5세기 전반경으로 볼 수 있다. 즉, 복암리 2호분의 광구평저호형분구수립토기는 5세기 전반경이 하한이 되는 셈이다. 전술한 것처럼 무덤의 분구가 점차 커지는 무렵에 분구수립토기가 등장하는 점을 감안할 때 그 출현이 5세기 이전으로 거슬러 올라갈 가능성은 많지 않은 것으로 생각된다. 광구평저호형분구수립토기는 대략 5세기 전반의 비교적 이른 시기에 출현하였을 것으로 볼 수 있겠다.

복암리 2호분 출토품으로 시작되는 영산강유역의 호형토기는 일본 열도의 하니와 가운데 호(壺)형으로 된 것들을 모델로 하였을 것으로 판단된다. 일본 열도의 호형하니와 습속의 영향을 받아 영산강유역에서 자생하였을 것으로 이해하는 견해(大竹弘之, 2002)가 제시된 바 있다. 양 지역에서 형태적으로 완전히 동일한 예는 보이지 않는 점을 감안하면 일본의 호형 하니와에 대한 아이디어만이 영산강유역에 알려지면서 등장하였을 가능성이 있다. 그런데, 일본의 호형하니와 가운데는 영산강유역의 호형분구수립토기의 모델이 되었을 것으로 보이는 일련의 하니와와 다른 것들도 있다. 이들은 모두 6세기 이후의 것들이므로 시기적으로 호형 하니와와는 단절되고 있다. 형태적인 유사성이나 시기적 선후 관계로 보아 이들은 영산강유역 호형토기와 관련이 깊은 것으로 보인다. 다시 말하면, 영산강유역의 호형분구수립토기의 영향으로 다시 일본 열도에 등장한 것으로 본다.

신촌리 9호분 출토 기대형분구수립토기는 모두 32개체가 확인되었는데, 형태상으로 원통 기대 위에 호를 올려놓은 모양과 시루와 같은 발형을 올려놓은 모양으로 구분된다. 분구 조사 결과에 의하면 당초 분구에 세웠을 때는 돌대 모양의 경계 지점 아래의 원통형 부분은 땅 속에 묻혀 있고 호형 또는 발형 부분만이 지상에 노출되었던 것으로 드러났다. 수립 위치는 분구 사면과 분구 정상부로 구분되나 현재 확인된 것들은 대부분 분구 사면에 수립된 것들이다. 사면에 수립된 것들은 상하층으로 나뉘어 매장된 옹관 가운데 하층 옹관묘와 관련된 것으로 보인다.

아래층 옹관 가운데 '신관(辛棺)'으로 이름 붙여진 옹관에서 출토된 개배는 그 형태상으로 보아 영산강유역 개배 가운데는 비교적 이른 단계로서 대략 5세기 2/4분기 무렵으로 볼 수 있다. 그렇다면, 복암리 2호분 예와 같은 호형토기와 신촌리 9호분의 기대형토기는 거의 같은 시기에 해당하는 것으로 보아도 좋을 것이다.

기대형분구수립토기의 연원(淵源)에 대해, 북부 큐슈의 4세기 후반경의 하니와의 영향을 받아 영산강유역에서 일련의 변화를 거친 것이 신촌리 9호분 단계에 해당되고 이후 어느 시점에 아사카오형[朝顔型] 하니와나 엔토우형[圓筒形] 하니와 등의 형태적으로 일본 열도의 것과 동일한 하니와가 등장하는 것으로 보는 견해도 있다.

필자는 신촌리 9호분 기대형분구수립토기의 형태적 특징에 주목코자 한다. 전술한 것처럼 원통형 부분은 분구 속에 묻히는 부분이므로 지상에 드러나는 부분만을 보면 호나 발을 분구에 수립하는 의도와 동일하다. 4세기 중엽경 큐슈 지역에는 오이타현[大分縣] 고코마야마[小熊山] 고분 예(그림 30의 4)에서 보듯 원통형 하니와 위에 바닥이 뚫린 호(壺)를 올려놓는 방식이 존재하고 있었으며, 4세기 말경에는 오오사카[大阪] 카즈케츠카[一ヶ塚] 고분 예(그림 30의 8)처럼 돌출한 정도가 큰 돌대를 경계로 땅속에 묻히는 부분과 지상에 노출되는 부분이 나뉘어 진 하니와가 존재하고 있는 점 등으로 보아 신촌리 9호분 기대형토기는 이들을 조형으로 하였을 가능성이 높은 것으로 보고 있다. 이 경우도 전술한 호형토기와 마찬가지로 구체적인 형태보다는 지상에 노출되는 기물(器物)과 지하에 묻히는 원통형 부분을 일체화하여 제작한다는 그러한 아이디어만이 들어왔을 것으로 보아야 할 것이다. 그것이 5세기 전반경 영산강유역에 나타난 신촌리 9호분 출토품과 같은 기대형분구수립토기인 것으로 여기고 있다.

한편, 명화동이나 광주 월계동(원색사진 30)과 같은 2조의 돌대가 있는 엔토우형 하니와나 아사카오형 하니와는 신촌리 9호분의 기대형분구수립토기과는 그 계통을 달리하는 것으로 보아야 할 것이다. 2조 돌대 하니와는 일본 열도 내에서의 정치적 위계와 관련하여 5세기 전반 이후 킨키나 산인[山陰] 지방에 주로 분포하며, 5세기 후엽~6세기대에는 동일본(東日本) 및 서일본(西日本) 각지에서도 확인된다. 형태적으로 영산강유역 것과 극히 닮은 것은 북부 큐슈의 옹가가와[遠賀川] 중류유역의 하니와, 토우카이[東海] 지방의 이른바 오와리[尾張]계 하니와, 그리고 산인 지방의 호형 하니와와 함께 나오는 엔토우 하니와 등이 있다. 명화동, 월계동 하니와는 이들 지역 가운데 어느 곳과 관련을 가지고 등장하였을 것인데, 구체적으로는 북부 큐슈 지역이 가장 유력한 후보가 될 것이다(朴淳發, 2001c).

이상의 내용을 요약하여 영산강유역 분구수립토기 및 하니와의 시간적 위치 및 계통관계를 그림으로 나타낸 것이 〈그림 30〉이다.

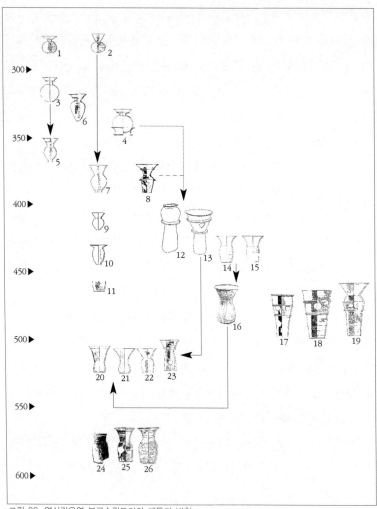

그림 30. 영산강유역 분구수립토기의 계통과 변천

참고문헌

〈국문〉

姜元杓

2001,『百濟 三足土器의 擴散과 消滅過程 硏究』, 高麗大學校 大學院 碩士
    學位論文.

權度希 · 宋滿榮

2003,「坡州 舟月里遺蹟 96-7號 住居址 出土 아궁이裝飾」,『京畿道博物
    館年報』7.

權五榮

2004,「백제의 주거지」,『백제 문화의 원형』, 공주대학교 백제문화원형
    복원센타.

權五榮 · 韓志仙

2003,「儀旺市 一括出土 百濟土器에 대한 관찰」,『吉城里土城』, 한신大學
    校博物館.

2005,『風納土城Ⅵ-慶堂地區 中層 101號 遺構에 대한 報告』, 국립문화재
　　 연구소 · 한신대학교박물관.

金圭東

2002,「百濟 土製 煙筒 試論」,『科技考古研究』8, 아주대학교 박물관.

金成南

2000,『中部地方 3~4世紀 古墳群 一研究 -細部編年과 古墳群 造營 樣相
　　 分析-』, 서울大學校 大學院 碩士學位論文.

2001,「中部地方 3~4世紀 古墳群 細部編年」,『百濟研究』33.

2004,「백제 한성양식토기의 형성과 변천에 대하여」,『고고학』3권 1
　　 호, 서울경기고고학회.

金壽泰

1998,「3세기 중 · 후반 백제의 발전과 馬韓」,『馬韓史 研究』, 忠南大學
　　 校 出版部.

金承玉

2000,「호남지역 마한 주거지의 편년」,『湖南考古學報』11.

金元龍

1972,「石村洞發見 原三國期의 家屋」,『考古美術』113 · 114.

1967,「三國時代의 開始에 關한 一考察」,『東亞文化』7.

1986,『韓國考古學槪說』, 一志社.

2000,「深鉢形土器에 대하여」,『考古學誌』11, 韓國考古美術研究所.

盧重國

1988, 『百濟 政治史 研究』, 一潮閣.

1990, 「目支國에 대한 一考察」, 『百濟論叢』 2.

土田純子

2004, 『百濟土器의 編年 研究』, 忠南大學校 大學院 碩士學位論文.

2005, 「百濟 短頸甁 研究」, 『百濟研究』 42.

2006, 「百濟 平底外反口緣短頸壺 및 小形平底短頸壺의 變遷考」, 『韓國上古史學報』 51.

朴淳發

1989, 『漢江流域 百濟土器의 變遷과 夢村土城의 性格에 대한 一考察』, 서울大學校 大學院 碩士學位論文.

1992, 「百濟土器의 形成」, 『百濟研究』 23.

1993, 「우리나라 初期鐵器文化의 展開에 대한 약간의 考察」, 『考古美術史論』 3, 忠北大學校 考古美術史學科.

1997, 「漢城百濟의 中央과 地方」, 『百濟의 中央과 地方』, 忠南大學校 百濟研究所.

1998, 『百濟國家의 形成 研究』, 서울大學校 大學院 博士學位論文.

1999a, 「高句麗土器의 形成에 대하여」, 『百濟研究』 29.

1999b, 「漢城百濟의 對外關係」, 『百濟研究』 30.

2000, 「4~6世紀 榮山江流域의 動向」, 忠南大學校百濟研究所(編)『百濟史上의 戰爭』, 서경.

2001a, 「深鉢形土器考」, 『湖西考古學』 4·5合輯.

2001b, 「帶頸壺一考」, 『湖南考古學報』 13.

2001c, 「榮山江流域의 前方後圓墳과 埴輪」, 『한·일 고대인의 흙과 삶』
（특별전 도록）, 國立全州博物館.

2001d, 「榮山江流域における前方後圓墳の意義」, 『朝鮮學報』 79.

2003a, 「遼寧 粘土帶土器文化의 韓半島 定着 過程」, 『錦江考古』 1, 忠淸
文化財研究院.

2003b, 「熊津·泗沘期 百濟土器의 編年에 대하여－三足器와 直口短頸壺
를 中心으로－」, 『百濟研究』 37.

2003c, 「漢城百濟 考古學의 研究現況 點檢」, 『고고학』 제3권 제1호, 서울
경기고고학회.

2003d, 「熊津 遷都 背景과 泗沘都城 造成 過程」, 국립부여문화재연구소
編 『백제도성의 변천과 연구상의 문제점』, 서경.

2004, 「百濟土器 形成期에 보이는 樂浪土器의 影響」, 『百濟研究』 40.

2005a, 「공주 수촌리 고분군 출토 중국자기와 교차연대 문제」, 『충청학
과 충청문화』 4, 충청남도역사문화원.

2005b, 「土器相으로 본 湖南地域 原三國時代 編年」, 『湖南考古學報』 21.

朴天秀

2002, 「考古資料를 통해 본 古代 韓半島와 日本列島의 相互作用」, 『韓國
古代史研究』 27.

百濟文化開發研究院

1984,『百濟土器圖錄』.

山本孝文

2003,「百濟 泗沘期의 陶硯」,『百濟研究』38.

2005,「百濟 臺附碗의 受容과 變遷의 劃期」,『國立公州博物館紀要』4.

2006,「百濟 泗沘期 土器樣式의 成立과 展開」, 국립문부여문화재연구소 (編)『百濟 泗沘時期 文化의 再照明』, 도서출판 춘추각.

徐賢珠

2003,「三國時代 아궁이틀에 대한 考察」,『韓國考古學報』50.

2006,『榮山江流域 三國時代 土器 研究』, 서울大學校 大學院 博士學位論文.

小栗明彥

2000,「全南地方 出土 埴輪의 意義」,『百濟研究』32.

申敬徹

2000,「古代의 洛東江, 榮山江, 그리고 倭」,『韓國의 前方後圓墳』, 忠南大學校 出版部.

俞元載

1994,「〈晉書〉의 馬韓과 百濟」,『韓國上古史學報』17.

尹大植

2004,『清州地域 百濟把杯의 型式과 用途』, 忠北大學校 大學院 碩士學位論文.

尹世英 · 李弘鍾

1994,『渼沙里』第5卷, 渼沙里先史遺蹟發掘調査團.

李基東

1987,「馬韓領域에서의 百濟의 成長」,『馬韓·百濟研究』10.

李基白 · 李基東

1982,『韓國史講座』Ⅰ[古代篇], 一潮閣.

李道學

1991,『百濟集權國家 形成過程 研究』, 漢陽大學校 大學院 博士學位論文.

1993,「百濟初期史에 관한 文獻資料의 檢討」,『韓國學論叢』23.

李明燁

2006,「百濟土器 新器種의 出現과 中國陶磁器의 影向」,『古文化』67.

李炯周

2001,『韓國 古代 부뚜막施設 研究』, 忠南大學校 大學院 碩士學位論文.

李熙濬

2004,「초기철기시대·원삼국시대再論」,『韓國考古學報』52.

林永珍

1994,「光州 月桂洞의 長鼓墳 2基」,『韓國考古學報』31.

田中俊明

2000,「영산강유역 전반후원형고분의 성격」,『영산강유역 고대사회의
    새로운 조명』(역사문화학회 국제학술심포지움 발표문집), 역사문
    화학회·목포대학교박물관.

井上主稅

2005, 「嶺南地域 출토 土師器系土器의 재검토」, 『韓國上古史學報』 48.

정종태

2003, 「湖西地域 長卵形土器의 變遷樣相」, 『湖西考古學』 9.

조성숙

2005, 「肩部押捺文 土器의 變遷過程과 그 意味」, 『湖西考古學』 13.

趙龍鎬

2005, 「美湖川流域 百濟漢城化 過程 研究」, 『研究論文集』 創刊號, 中央文
　　　化財研究院.

朱甫暾

2000, 「百濟의 榮山江流域 支配方式과 前方後圓墳 被葬者의 性格」, 『韓國
　　　의 前方後圓墳』, 忠南大學校 出版部.

車勇杰 · 禹鍾允 · 趙詳紀 · 吳允淑

1990, 『淸州新鳳洞A地區土壙墓群發掘調査報告』, 忠北大學校 博物館.

崔盛洛

1993, 『韓國 原三國文化의 研究』, 學研文化社.

1999, 「철기시대의 설정과 문제점」, 『박물관연보』 7, 목포대학교박물
　　　관.

2004, 「"초기철기시대 · 원삼국시대再論"에 대한 반론」, 『韓國考古學報』
　　　54.

土生田純之

2000, 「韓 · 日 前方後圓墳의 比較檢討」, 『韓國의 前方後圓墳』, 忠南大學校

出版部.

河上邦彦

2000,「日本 前方後圓墳과 橫穴式石室」,『百濟研究』31.

한경구 · 임봉길(譯)

1995,『정치인류학』, 一潮閣.(Ted C. Lewellen 1983, *Political Anthropology* : An Introduction, Bergin & Garvey Publishers.)

韓志仙

2005,「百濟土器 成立期 樣相에 대한 再檢討」,『百濟研究』41.

〈중문〉

柟楓

1989,「西安南郊吳家墳漢墓淸理簡記」,『考古與文物』1989-2.

杜正勝

1992,『古代社會與國家』, 允晨文化出版(臺北).

孫機

1991,『漢代物質文化圖說』, 文物出版社.

員安志 · 馬志軍

1990, 「長安縣南李王村漢墓發掘簡報」, 『考古與文物』1990-4.

劉曉華 · 景明晨 · 王瑛

1990, 「咸陽漢墓淸理簡記」, 『考古與文物』1990-1.

趙永軍

1998, 「黑龍江省海林市望天嶺遺址發掘簡報」, 『北方文物』1998-2.

朱蘭霞

1983, 「南京北郊東晋墓發掘簡報」, 『考古』1983-4.

朱亮 · 李德方

1995, 「洛陽孟津北陳村北魏壁畵墓」, 『文物』1995-8.

曾凡

1992, 「福州洪塘金鷄山古墓葬」, 『考古』1992-10.

韓保全 · 程林泉 · 韓國河

1999, 『西安龍首原漢墓』, 西北大學出版社.

〈일문〉

岡內三眞

1996, 「前方後圓墳の築造モデル」, 『韓國の前方後圓墳』(岡內三眞編早稻田
      大學韓國考古學學術調査硏修報告), 雄山閣出版.

都出比呂志

1989,「古代文明と初期國家」,『古墳時代の王と民衆』古代史復元 6, 講談
　　社.

東潮

1995,「榮山江流域と慕韓」,『展望考古學』(考古學研究會 40周年 記念論集),
　　考古學研究會.

大竹弘之

2002,「韓國全羅南道の圓筒形土器」,『前方後圓墳と古代日朝關係』, 同成
　　社.

飯島武次

1991,『中國新石器文化研究』, 山川出版社.

濱田延充

1997,「寝屋川市の古墳時代遺蹟」,『失わた古代の港』, 寝屋川市・寝屋川
　　市教育委員會.

森修・内藤寛

1934,『營城子』, 關東廳博物館.

桝田治

2005,「竈排煙考」,『堀田啓一先生古稀記念獻呈論文集』,堀田啓一先生古稀
　　記念獻呈論文集作成委員會 .

林巳奈夫

2002,『中國古代の神がみ』, 吉川弘文館.

土生田純之

1996,「朝鮮半島の前方後圓墳」,『人文科學年報』第26號, 專修大學人文科
　　學研究所.

〈영문〉

Morton H. Fried

1967, *THE EVOLUTION OF POLITICAL SOCIETY* : An Essay
in Political Anthropology, Random House.